Mike Dooley

Die Matrix der Wunscherfüllung

MIKE DOOLEY

Die Matrix der Wunscherfüllung

Du kannst dein Leben ändern – jetzt!

Aus dem Englischen von
Diane von Weltzien

Die amerikanische Originalausgabe erschien 2010 unter dem Titel
»Manifesting Change« bei Atria Books / Beyond Words.
A division of Simon & Schuster, Inc., New York.

Besuchen Sie uns im Internet:
www.mens-sana.de

Redaktion: Martina Darga
Umschlaggestaltung: ZERO Werbeagentur, München
Umschlagabbildung: © FinePic®, München
Satz: Adobe InDesign im Verlag
Druck und Bindung: GGP Media GmbH, Pößneck
Printed in Germany
ISBN 978-3-426-65688-4

2 4 5 3 1

Für Amanda

Inhalt

Vorwort

Was für eine wilde Jagd mein Leben bisher war! Wenn ich mir jemals ausgemalt hätte, Schriftsteller, Referent oder Lehrer zu werden, dann wären diese Vorstellungen für mich reine Phantasieprodukte oder sogar Alpträume gewesen. Vor allem grauste es mir davor, in der Öffentlichkeit zu reden. Doch was als Suche nach Wahrheit begonnen hatte, führte mich schließlich genau zu diesen drei Tätigkeiten. Ich habe mich schon immer nach Antworten auf Fragen zum Leben gesehnt. Während meines ersten Collegejahres erreichte diese Sehnsucht ihren qualvollen Höhepunkt. So irrte ich hin und her zwischen Gebetszirkeln, Meditationsgruppen und Bibelkreisen. Ich war randvoll mit Fragen, wollte wissen, wie das Leben funktioniert, warum wir hier sind, warum wir sterben müssen und was wir mit unserem Leben anfangen sollen.

Meine fieberhafte Suche wurde belohnt, denn schließlich gilt ja: Was immer wir suchen, sucht uns wieder. Und wie es so typisch für die Situation ist, in der ein Schüler bereit ist und so weiter, schickte meine Mutter, mein größter Fan und meine beste Freundin, im Laufe der Monate »zufällig« ein paar Bücher, verbunden mit der Aufforderung: »Die MUSST du unbedingt lesen!« Ich kann Lesen nicht ausstehen, vielleicht deshalb, weil ich so furchtbar langsam bin und mein Verstand wenigstens inoffiziell die Diagnose »Aufmerksamkeitsdefizitsyndrom« verdient. Meine Mutter hingegen war schon ihr ganzes Leben lang mit einem großen Appetit auf Bücher gesegnet. Sie verschlingt in einer einzigen Woche mehr davon als ich in einem Jahrzehnt. Pflichtbewusst befolgte ich ihren Rat und las ihre Bücher eines nach dem anderen – mit dem Ergebnis, dass sie all meine Fragezeichen in aufgeregte Ausrufezeichen verwandelten.

Das erste Buch war die *Silva Mind Control Methode* von José Silva, in dem es darum geht, Kontrolle über den *eigenen* Geist zu erlangen, nicht über den Geist anderer. Schon beim Lesen des ersten Kapitels fühlte ich mich förmlich elektrisiert. Wieder und wieder schlug ich mir im übertragenen Sinne gegen die Stirn und dachte: »Das wusste ich! Ja, genau das habe ich schon gewusst!« Ich wusste, dass wir über unvorstellbare Macht verfügen. Ich wusste, dass unsere Gedanken der Schlüssel zu dieser Macht sind. Ich wusste, dass die Welt den Menschen unendlich mehr zu bieten hat, denen es gelingt, aus dem vorzeitlichen Schlaf zu erwachen, der sie glauben lässt, dass alles in Zeit, Raum und Materie ursteinerne Wirklichkeit ist.

Ungefähr eine Woche später, noch bevor ich bis zum zweiten Kapitel vorgedrungen war (wie gesagt, ich lese langsam), schickte meine Mutter das zweite Buch: *Gespräche mit Seth* von Jane Roberts. Dieses Buch veränderte mein Leben für immer. Ich las es von der ersten bis zur letzten Zeile in nur einem Semester. Es hat mich einfach umgehauen. Das Buch half mir nicht nur, eine Verbindung zwischen all den Punkten herzustellen, die für mich im Zusammenhang mit Leben, Träumen und Glück am wichtigsten waren. Es führte mich sogar noch weiter, indem es Ideen von dem Wesen und der Gesamtheit unserer Wirklichkeit ansprach, die mein damaliges Vorstellungsvermögen weit übertrafen.

Bis zu meinem Schulabschluss drei Jahre später hatte ich schließlich alle *Seth*-Bücher gelesen, die es damals gab. Damit stellte ich nicht nur meinen ganz persönlichen Rekord im Schnelllesen auf, sondern beendete auch meine jugendliche (und manchmal schmerzhafte) Jagd nach Erleuchtung. Meiner Suche folgte der nächste, obligatorische Sprung, den alle machen müssen, die ein selbstbestimmtes, magisches und kraftvolles Leben führen wollen: die *Anwendung der uralten Weisheiten auf mein eigenes Leben, meine Träume und mein Glück*. Also, die Theorie in der Wirklichkeit zu erproben und zu *leben*. Und so setzte ich mein eher gewöhnliches, konventionelles, nun aber erleuchteteres Leben fort.

Meine erste Selbstprüfung bestand darin, meinen äußerst holprigen Start als Wirtschaftsprüfer bei PriceWaterhouse-Coopers in Tampa/Florida zu überleben. Nachdem ich fast wegen Unfähigkeit gefeuert worden war, unterwarf ich mich einem Visualisierungsprogramm, das jeden Avatar beeindruckt hätte. Dadurch blieb mir nicht nur der Rausschmiss erspart. Zu meiner großen Freude landete ich auch noch in der Abteilung für internationales Steuerrecht und erhielt so die Möglichkeit, Reisen in alle Welt zu unternehmen. Nachdem ich sechs Jahre als Weltenbummler verbracht hatte, ließ ich mich in Boston/Massachusetts nieder. Doch mit dem, was ich in dieser Zeit erreicht hatte, war ich immer noch nicht zufrieden. Also kündigte ich. Wenige Monate später hatte ich mich mit meinem Bruder, der Grafiker ist, und meiner wirklich unglaublich coolen Mutter in einer eigenen Firma zusammengetan, um die Bilder meines Bruders (und schließlich meine Texte) als Siebdrucke auf T-Shirts zu verkaufen. Schneller Vorlauf, zehn Jahre später: Wir hatten über eine Million T-Shirts verkauft, doch der Zenit unseres Erfolges war überschritten. Deshalb lösten wir die Firma auf und zogen jeder seines Wegs. Auf diese zugleich furchterregende und aufregende Zeit in meinem Leben werde ich später im Buch näher eingehen.

Ich befand mich damals an einem Scheideweg, wollte aber unbedingt weiterhin selbständig tätig sein. Und als ich überlegte, was ich wohl tun könnte, kam mir plötzlich ein

Einfall: Ich könnte doch meine Erfahrungen als Geschäftsmann mit meiner ganz privaten Auswahl altehrwürdiger Weisheiten verbinden, die ich in der Praxis des Lebens erprobt hatte. Wir wollen uns nichts vormachen: *Irgendwie* muss jeder seine Rechnungen bezahlen! Also entschloss ich mich, als der angehende Lehrer und der erfahrene Unternehmer, der ich war, eine Richtung einzuschlagen, die schließlich Umsätze hervorbringen würde, statt mich auf Spenden und »milde Gaben« zu verlassen, wie es bei spirituellen Dienstleistungen üblich ist. Ich war überzeugt, dass diese unternehmerische Herangehensweise letztlich meinen Kunden genauso zugutekäme wie mir selbst. Vielleicht glaubst du nun, es drehte sich alles nur darum, mich zu einem reichen Mann zu machen. In dem Fall sei hier darauf hingewiesen, dass ich wie viele andere Internetfirmen einen Großteil meiner Dienstleistung kostenlos zur Verfügung stelle, zum Beispiel meine sehr beliebten »Grüße vom Universum« (die kleinen täglichen Erinnerungen an die Magie und die Macht unseres Lebens).

Mein Leben heute mit weltweiten Vortragsreisen, exotischen Abenteuern, Luxusreisen, die sogar den Reichen und Berühmten dieser Welt gut zu Gesicht stehen würden, einem *New York Times*-Bestseller, Freunden und Bekannten auf jedem Kontinent, einer eigenen wohltätigen Stiftung, Gesundheit und jeder Menge Liebe hat etwas von einem Märchen. Ja, was für eine wilde Jagd es doch bisher war und noch immer ist.

Aber jetzt bist du an der Reihe. Was ich erreicht habe, kannst du ebenfalls erreichen. Was ich geschafft habe – trotz aller Angst aufbrechen und wieder von vorn anfangen –, das kannst du auch schaffen. In diesem Traum vom Hier und Jetzt ist genug für alle da. Ja, das Manifestieren von Veränderung könnte nicht leichter sein, sobald du begriffen hast, wie das »Spiel« läuft, und anfängst, es zu »spielen« –

vielleicht das erste Mal in deinem Leben. Mach dich auf Überraschungen gefasst.

Auf das Leben *deiner* Träume,

Mike Dooley
im November 2010

Einführung

Dieses Buch enthält meine bisher tiefsten Erkenntnisse über das Funktionieren aller Dinge in Zeit und Raum. Es wird dich hinter die Kulissen von Zeit und Raum führen und dir enthüllen, wie du hierhergekommen bist, wer du wirklich bist und wie du sofort wichtige Veränderungen in deinem Leben in Angriff nehmen kannst. Du lernst die *objektiven* metaphysischen Mechanismen kennen, die für jedwede physische Manifestation verantwortlich sind. Darunter die beiden wichtigsten, um die Magie des Lebens zu entfalten, dich in Reichweite des allliebenden und in deinem Sinne konspirierenden Universums (auf das ich gleich zurückkommen werde) zu bringen und die Verwirklichung deiner Herzenswünsche zu beschleunigen.

Genau, richtig gelesen. In diesem Buch geht es um Metaphysik. Grusel! Doch was früher in den Buchläden gerne unter »Esoterik« eingeordnet wurde, hat verdienterweise doch noch eine breite Masse erreicht, denn an Metaphysik war nie irgendetwas Schwammiges. Das freie Internetwörterbuch *Wiktionary* definiert »Metaphysik«: *Teilrichtung der Philosophie, die sich mit dem Ursprung, dem Grund und dem Ziel allen Seins, aber auch einem möglichen höchsten Sein befasst.* Im Kern untersucht die Metaphysik also das Wesen der Wirklichkeit und studiert Prinzipien, auf denen alle übrigen Wissenschaften aufbauen.

Anders ausgedrückt: Jede Religion der Menschheitsgeschichte ist eine Form von Metaphysik. Außerdem kann man jeden Menschen, der über den Sinn des Lebens nachgrübelt, als Metaphysiker bezeichnen, zumindest, während er noch im Prozess des Nachdenkens begriffen ist. Ich hoffe, diese Interpretation versöhnt dich, falls du zunächst über den Begriff gestolpert bist. Und nun lass mich zu unserer Erbauung noch erläutern, was ich unter dem Begriff »Universum« verstehe.

In den allereinfachsten Worten ausgedrückt meine ich damit tatsächlich Gott. Doch mein Bild von Gott ähnelt kaum dem westlicher – oder östlicher – Religionen. Daher ziehe ich es vor, auf einen Begriff zurückzugreifen, der weniger mit festen Vorstellungen beladen ist. Ich glaube daran, dass Gott, das Universum oder die göttliche Intelligenz alles ist, was existiert. Nach meiner Überzeugung ist jedes Ding und jedes Nicht-Ding Gott. Es gibt nichts, das nicht Gott ist (egal, ob belebt oder unbelebt, stofflich oder feinstofflich, energetisch oder nicht-energetisch, Gedanke oder Leere), weder in dieser Welt noch in anderen weiter entfernten Sphären und Dimensionen. Woher sollte etwas, das nicht Gott ist, stammen, und woraus sollte es bestehen? Und deshalb glaube ich, dass auch du und ich, dass wir alle *Gott in Reinform* sind. Selbstverständlich ist Gott unendlich viel mehr als das, was wir bewusst in uns von ihm wahrnehmen. Diese Tatsache widerlegt aber nicht meine Überzeugung. Wir sind Gott in Reinform und nicht anders, genauso wie ein Tropfen Ozeanwasser Ozean in Reinform ist. Wir sind ein göttlicher Funke, der in einem von Gottes Träumen zum Leben erwacht ist. Und da wir denkende und mit einem freien Willen begabte Wesen sind, ist dieser Traum Gottes auch unser eigener. Wir sind die Augen und Ohren der göttlichen Intelligenz im Hier und Jetzt, in Zeit und Raum. So wie ich den Begriff »Universum« verwende, kann er also als Bild unseres höheren Selbst verstanden werden – der Rest desjenigen, der wir wirklich sind.

All diese Überlegungen beinhalten aber noch nicht die Antwort auf die Frage: Warum sind wir hier? Die Antwort lautet: Weil wir uns so entschieden haben. Weil es schön ist.

Weil es Liebe in Hülle und Fülle gibt. Weil uns Ganzheit, Sicherheit und letztendlich die Wiedervereinigung mit unserem höheren Selbst zugesichert sind. Weil wir lernen, wachsen, forschen, entdecken, teilen, *Abenteuerliches* erleben – und Gott um all dies bereichern. Doch *abenteuerliches Erleben kann es nicht geben ohne den Glauben an Grenzen.* Folglich schafft die Illusion von Zeit und Raum unsere Bühne. Sie erzeugt die Phantasie von hier und dort, jetzt und zukünftig, haben und nicht haben.

Ich glaube einfach nicht daran, dass wir hier sind, um geprüft, gerichtet und verurteilt zu werden. Wir sind weder Testversionen noch Versuchskaninchen. Wir sind hier, um uns am Lohn und an der Herrlichkeit unserer eigenen Kreativität zu erfreuen. Um in einem Meer aus Möglichkeiten zu schwimmen, die ansonsten ungenutzt blieben. Jetzt sind wir selbst dran. Zwar können wir um Unterstützung bitten und bekommen sie auch. Doch wäre das ganze Abenteuer nichts wert, wenn wir unser höheres Selbst die Entscheidungen für uns treffen, uns den Weg frei machen und unser Leben für uns leben lassen würden.

Wir leben in einer uns wohlgesinnten Welt, die von universellen Prinzipien getragen wird. Diese Prinzipien sind mit den Befehlen verbunden, die wir im Angesicht unserer Gedanken, Intentionen und Erwartungen ausgeben. In dieser Welt verwandeln sich unsere Gedanken in die Dinge und Ereignisse unseres Lebens. Und da wir mit solcher Macht ausgestattet sind, wollen wir natürlich unsere Fähigkeiten und unsere Verantwortung aus uns und durch uns selbst und ohne äußere Einmischung kennenlernen – in dem Wissen, dass *alles* ohne den geringsten Zweifel und zwangsläufig aus dem Traum des Lebens an den Ort der Liebe und des Wissens um das Einssein mit der göttlichen Intelligenz zurückkehrt.

Der Sinn des Lebens liegt also darin, das Leben zu *leben*.

Hier zu *sein*. Unserem Herzen zu folgen. Nichts ist *vorbestimmt,* und wir *müssen* niemand anders sein als wir selbst. Es gibt nichts, was wir tun *müssen,* und keinen, der gerettet werden muss. Wenn wir unseren Lebenssinn in dieser Weise verstehen, haben wir als lebensfrohe und spaßverliebte Wesen ohne jede Frage die Aufgabe, unserem Leben eine wohlüberlegte Form zu geben. Das Mittel dazu ist unsere übernatürliche Fähigkeit, Einfluss auf Materie zu nehmen. Genau zu diesem Zweck habe ich *Die Matrix der Wunscherfüllung* geschrieben.

Ich beschreibe in diesem Buch eine von mir entwickelte Matrix für das gesamte Spektrum der Wirklichkeit, aus dem du die von dir gewünschten Veränderungen auswählen kannst. Meine Matrix lässt dich deine gewünschten Endergebnisse klarer sehen. Du erkennst, wie du die Wahrscheinlichkeit deines Erfolgs erhöhen (und manchmal sogar garantieren) kannst. Du durchschaust, welche erwarteten oder unerwarteten Nebenprodukte, Folgen und Zusatzmanifestationen deine ursprüngliche Wahl bewirkt. Die Beschaffenheit der Matrix lässt mich vermuten, dass du von einigen Ideen und Vorstellungen, die ich dir hier präsentiere, noch nie zuvor etwas gehört hast. Manche scheinen sogar den allgemein akzeptierten Wahrheiten zu widersprechen. Doch im Laufe der Lektüre wirst du bestimmt verstehen, dass diese vermeintlichen Widersprüche nichts anderes sind als ein tieferes Verständnis bereits bekannter Erklärungsmodelle.

In meinem vorhergehenden Buch *Verändere dein Denken, dann hilft dir das Universum* habe ich unsere Überzeugungen mit einer Sonnenbrille verglichen, weil sie ein Leben lang unsere Erfahrungen färben. Nach einer Weile merkst du gar nicht mehr, dass du eine Sonnenbrille auf der Nase hast, dass du die Welt durch blaues, gelbes oder wie auch immer gefärbtes Glas betrachtest. Wie die Welt *wirklich* und ohne deine Überzeugungen aussieht, entgeht dir. Doch leider können wir unsere Überzeugungen nicht wie eine Sonnenbrille ablegen. Deshalb ist es für dich jetzt beim Lesen auch schwierig, dir überhaupt vorzustellen, wie und dass die Welt anders aussehen könnte, als du sie wahrnimmst.

Von der spirituellen Warte aus betrachtet, haben wir uns entschieden, in äußerst primitive Zeiten hineingeboren zu werden. Leider sind wir uns unseres göttlichen Erbes und unserer angeborenen Fähigkeit, die Welt um uns herum zu beeinflussen und zu formen, vollkommen unbewusst. Ich vermute, dass deine von wohlmeinenden Eltern und Erziehungsberechtigten an dich weitergereichte Brille mit Glaubenssätzen wie den folgenden eingefärbt ist: *Das Leben ist schwer. Gute Gelegenheiten sind selten. Nur einer kann gewinnen. Veränderung manifestieren? Na, viel Spaß!*

Mit diesem Buch will ich dir helfen, über den Rand deiner ererbten Sonnenbrille zu spähen, damit du erkennst, wie das Leben auch sein könnte. Wenn dir das schließlich gelingt, dann wirst du bei der Manifestation von Veränderungen feststellen, wie das Leben *wirklich* funktioniert. Dass es nämlich unsere Gedanken, Worte und Taten sind, von denen die sogenannten »Unfälle«, Zufälle und Fügungen programmiert werden. Außerdem wirst du herausfinden, dass du beim Manifestieren von Veränderung längst den Schwarzen Gürtel trägst. Nur deshalb, weil du die Wahrheit über das Funktionieren des Lebens noch nicht kennst, hast du bisher mehr Zeit damit zugebracht, auf deine eigenen Schöpfungen zu reagieren, als willentlich neue hervorzubringen.

Um es mit ganz einfachen Worten zu sagen: *Deine Gedanken werden zu den Dingen und Ereignissen in deinem Leben.* So war es schon immer, und so wird es immer sein. Wenn du also Einfluss auf deine Gedanken nimmst, dann wird sich automatisch auch dein Leben verändern. Natürlich sind deine Worte und deine Taten *gleichermaßen wichtig,* doch *deine Gedanken geben die Richtung vor.*

Wie nicht anders zu erwarten, ist das Konzept *Gedanken werden Dinge* ein paar kleinen äußeren Einflüssen ausgesetzt. Dazu gehören zum Beispiel andere Menschen und ihre Gedanken, die *verflixten Wies,* die über die Verwirklichung von Träumen bestimmen wollen, und deine übrigen Gedanken, die möglicherweise im Widerspruch zu deinen geäußerten Wünschen stehen. Sie alle werden in den nachfolgenden Kapiteln ausreichend Berücksichtigung finden.

Sollte ich die Botschaft dieses Buchs in wenigen Worten zusammenfassen, dann würde der folgende Text dabei herauskommen:

Du bist ein uraltes spirituelles Wesen. Du hast dich frei für dein Hiersein entschieden und außerdem die Bühne mit erschaffen, auf der du nun stehst. Auf dieser Bühne ist alles, wirklich alles möglich, und deine Gedanken verwandeln sich eins zu eins in die Dinge und Ereignisse deines Lebens.

Dass du wie alles andere ein Geschöpf deiner selbst bist, ist eine gute Nachricht. Denn immer dann, wenn dir etwas missfällt, kannst du es ohne Einschränkung durch die Vergangenheit oder durch irgendwelche »Vereinbarungen«, an die du dich nicht mehr erinnerst, verändern. Andere Regeln für das Manifestieren von Veränderung existieren nicht. Für deine Zeit hier auf Erden gibt es keine verborgenen Motive. Es erwarten dich keine Prüfungen, kein zementiertes Schicksal und keinerlei Beurteilungen. Du hast keine geheimnisvollen, unbekannten Gegenspieler. In diesem Garten Eden, den wir vorübergehend als unser Zuhause bezeichnen dürfen, kann uns das Manifestieren von Veränderung genauso leicht gelingen, wie das gewünschte Endergebnis festzulegen und konkrete Schritte in die entsprechende Richtung zu machen.

Wie meine *Grüße vom Universum* ist auch der nachfolgende Text so geschrieben, dass er an deinen Schutzwällen vorbei in dein Herz gelangt und dort den Samen sät, der zu Klarheit, daraus resultierenden Taten und schließlich zu lebenswichtigen Veränderungen erblüht. Er wird dich darin unterstützen, herauszufinden, *was* du wirklich willst, *warum* du es willst und *wie* du es im Vertrauen auf dich selbst erlangen kannst.

Du wirst feststellen, dass deine positiven Gedanken zehntausendmal mächtiger sind als deine negativen und dass du dieses Leben gewählt hast, um dich zu *entfalten*. Und du wirst ganz und gar überzeugt sein von deiner Macht, deinem Wert und der Leichtigkeit, mit der sich die unsichtbaren Kräfte lenken lassen, die allen Menschen unbegrenzt zur Verfügung stehen.

Du bist nicht allein. Du wirst geleitet. Du verfügst über unbeschreibliche Macht. Du hast bereits alles, was du brauchst, um zu erschaffen, was du dir wünschst. Du kannst gleich loslegen …

Gruß vom Universum

Junge Seelen blicken mit Interesse auf Geheimnisse,
Rechte und Rituale.
Reife Seelen blicken mit Interesse auf Wissenschaft,
Mathematik und Beweise.
Alte Seelen blicken nach innen.
Sieh nach innen,
dein Universum
PS: Sind die jungen Seelen nicht niedlich?

KAPITEL 1
Du bist ein müheloser Schöpfer

Zunächst einmal wollen wir sicherstellen, dass wir unter dem Wesen unserer Wirklichkeit dasselbe verstehen. Für mich sagt die Überschrift dieses Kapitels eigentlich alles, was du wissen musst: Du bist ein Schöpfer, dessen Schaffen ohne Mühe ist. Doch es wäre falsch, anzunehmen, dass diese Worte für dich die gleiche Bedeutung haben wie für mich.

Wenn du in einem Buchladen bei den Ratgebern stöberst, dann findest du dort Bücher, die deine persönliche Entwicklung in wenigen Schritten zum »Erfolg« führen wollen. Nahezu alle Autoren gehen davon aus, dass ihre und deine Weltsicht sich decken. Das trifft jedoch nur selten zu. Also will ich zuerst einmal dafür sorgen, dass du die Wahrheit erfährst über das Wesen unserer Wirklichkeit, deinen Platz in ihr, deine Macht, den Grund deines Hierseins und darüber, wie du dir deine Zeit auf diesem Planeten am besten zunutze machen kannst.

Ich bin gerade von einer Lesereise durch die USA zurückgekommen, auf der ich mehr als siebzig Radiointerviews über das Manifestieren von Veränderung, also über den Inhalt dieses Buches, geführt habe. Interessanterweise wurde *eine* Frage immer wieder gestellt: »Mike, woran, glaubst du, liegt es vor allem, dass wir unsere eigenen Träume nicht wahr machen?«

Meine Antwort lautete immer gleich: »Es liegt daran, dass wir das Wesen unserer Wirklichkeit nicht verstehen, nicht wissen, wer wir sind, und die Mechanismen nicht durchschauen, die Veränderung bewirken.«

Wenn es um Gott, Spiritualität, Religion und den Sinn des Lebens geht, dann haben die Menschen viele Fragen. Richtig verwirrend wird es, wenn außerdem Missverständnisse über Karma, die New-Age-Auffassung von Fülle und das Gesetz der Anziehung in die Waagschale geworfen werden. In ihrer Orientierungslosigkeit geben diese Menschen sofort ihre Handlungsgewalt ab, was ihnen nicht einmal bewusst ist.

Welcher Sinn liegt darin, an das Gesetz der Anziehung und an ein zu unseren Gunsten konspirierendes Universum zu glauben und zugleich an einen Gott, der uns auf dem Kieker hat und verurteilt? Oder an ein Karma, das deinen Traum von der vollständigen Gesundheit untergräbt? Oder daran, dass deine Sehnsucht nach Fülle irgendwie sündhaft oder auf schamlose Weise egoistisch ist?

Man glaubt es kaum, aber die Wahrheit ist objektiv und leicht zu verstehen. Das Wesen unserer Wirklichkeit ist folgerichtig, durchschaubar und ganz einfach: Wir alle sind Schöpfer in einem liebenden Universum. Wir sind spirituelle Wesen, die in einer Welt voller Illusionen leben. Diese Welt haben wir nicht nur selbst erschaffen, wir üben auch Kontrolle über sie aus. Es ist unser Fokus, der den Umständen unseres Lebens die Richtung weist. Das ist alles. Erledigt. Es gibt keine Hölle, kein Gericht und keine New-Age-Ideologie, die diese Macht abschwächen könnten. Es gibt kein Schicksal, dem wir uns unterwerfen, keine Schulden, die wir abarbeiten, und keine Buße, die wir leisten müssen.

Bis vor kurzem haben wir Menschen darauf verzichtet, uns komplizierte Fragen darüber zu stellen, wer wir wirklich sind, wie wir hierhergekommen sind und was wir mit unserem Leben anfangen können. Zum einen deshalb, weil wir Angst hatten, Gott womöglich auf die Zehen zu treten. Und zum anderen, weil wir in erster Linie mit unserem Überleben beschäftigt waren. Doch nun, da wir endlich solchen Fragen nachgehen, stellen wir fest, dass es tatsächlich auch Antworten *gibt* – sinnvolle Antworten, die in uns etwas Vertrautes anrühren und die auch noch leicht zu finden sind. Nur gestalten sie sich leider überwiegend anders, als wir es erwartet haben. Gelegentlich sogar dermaßen anders, dass sie Anhängern der alten Schule des Denkens wie Blasphemie vorkommen.

Ich widme dieses Kapitel vollständig der Erforschung unserer Macht und unserer Verankerung in der Wahrheit. Dadurch möchte ich auch noch die letzte deiner Fragen ausräumen, die ein Loch in deinem umfassenden Verständnis bewirken und deine Macht versickern lassen könnte. Ich will, dass du über deine Rolle bei der Erschaffung deiner Wirklichkeit keinerlei Zweifel mehr hegst. Den Perspektiven, die ich dir vorstelle, sollst du aber nicht einfach nur Glauben schenken. Daher möchte ich dich in die einfache Methode des Schlussfolgerns einführen und dir nahebringen, wie sie mir zur »Erleuchtung« verholfen hat. Die Methode hilft dir, auf deine eigene Art und in deiner Geschwindigkeit Zusammenhänge herzustellen, Antworten zu finden und das Leben zu tanzen.

Die Suche nach Bridey Murphy

Als ich vierzehn Jahre alt war, geschahen zwei Dinge, die meine Welt auf den Kopf stellten. Als Erstes stieß ich in der Schulbibliothek auf das Buch *Protokoll einer Wiedergeburt. Der weltbekannte Fall Bridey Murphy: Der Mensch lebt nicht nur einmal* von Morey Bernstein.

Zusammenhänge herstellen

Um noch etwas weiter auszuholen: Ich hatte mich bereits kurz vor meiner literarischen Entdeckung auf die Suche nach Antworten auf die großen Menschheitsfragen gemacht. Da ich weder zu Hause, noch in der Schule, Kirche oder Gemeinde befriedigende Antworten fand, wandte ich mich gesellschaftlich weniger anerkannten Bereichen zu. Für mich verwiesen Bücher zu übersinnlicher Wahrnehmung, Telepathie, Hypnose, Bigfoot und UFOs auf eine umfassendere Wirklichkeit, die Zeit und Raum mit Sinn erfüllen würde, wenn ich sie nur begreifen könnte. Nicht, dass ich viele dieser Bücher hätte lesen können, bei meinem Tempo. Doch jedes Buch, das ich schaffte, versetzte mich in unbeschreibliche Aufregung.

Mit vierzehn hatte ich bereits begonnen, meine eigenen Schlüsse über die heiligen Hallen von Zeit und Raum zu ziehen. Unbewusst bediente ich mich deduktiver Folgerungen, um ein wenig Licht ins Dunkel zu bringen. Natürlich standen mir solche Begriffe damals nicht zur Verfügung, da ich gar nicht genau wusste, was ich tat. Ich dachte einfach logisch über eine Sache nach und wartete dann darauf, dass mir intuitive Antworten zuflogen. Leider erhielt ich keinerlei Bestätigungen dafür, dass die zugeflogenen Antworten auch nur im Entferntesten etwas mit der »Wahrheit« zu tun hatten – bis ich auf *Bridey Murphy* stieß.

Ich weiß noch, wie ich damals zu meiner Mutter sagte: »Die Zeit kann einfach nicht *real* sein.« Mein Argument lautete: Wenn man eine menschliche Lebensspanne (von sagen wir hundert Jahren) auf einer Zeitachse einträgt, die sich nach beiden Seiten bis ins Unendliche fortsetzt, kann man sofort erkennen, dass diese Lebensspanne im Gesamtzusammenhang vollkommen bedeutungslos ist, praktisch gar nicht vorhanden. Rein subjektiv können wir natürlich die Wirklichkeit und Bedeutsamkeit unserer Existenz bestätigen. Wenn du dir dieses widersprüchliche Gegenüber noch deutlicher vor Augen führen möchtest, dann stell dir die größte Zahl vor, die der heute weltweit größte Computer hervorbringen kann, etwa eine Kette, bestehend aus der Ziffer Neun in Atomgröße, die sich von hier bis zum Mars und wieder zurück erstreckt. Multipliziere die Zahl mit zweiundsiebzig Zillionen. Sobald du das Ergebnis auf die erwähnte Zeitachse setzt, die sich nach beiden Seiten bis ins Unendliche fortsetzt, wirst du feststellen, dass auch diese Zahl praktisch verschwindet und von der Unendlichkeit verschluckt wird. Mir war klar, dass da irgendetwas nicht stimmte. Diese Zahlen ergaben einfach keinen Sinn, wenn die Zeit real war. Die gleiche Analyse führte mich zu dem Schluss, dass der Raum ebenso wenig wirklich sein konnte.

Ich ließ meine Mutter auch an anderen Erkenntnissen teilhaben. Zum Beispiel erklärte ich ihr, dass Hellsichtigkeit und Telepathie von gewisser Stichhaltigkeit sein müssten. Das beweise allein schon die Tatsache, dass es im Fernsehen zahlreiche Sendungen zur übersinnlichen Wahrnehmung gab, in denen Probanden in einem Raum mehr oder weniger genau die Karten aufzeigen können, die eine andere Person im Nebenraum aufgenommen hat. Ich quälte meine Mutter mit zahlreichen anderen Schlussfolgerungen, die auf Geschichten im Fernsehen und in Büchern basierten, in denen es um die Macht der Gedanken und des Unbewussten ging. Unter anderem wurde von Menschen berichtet, die unter Hypnose plötzlich eine Fremdsprache beherrschten, die sie vorher nicht sprechen konnten. Andere Sendungen hatten Telekinese, Astralprojektion und Löffelbiegen zum Thema. Zugegeben, ich lasse Skeptikern hier nicht sehr viel Raum, denn nur der allerungläubigste Thomas könnte jegliche Form von Telepathie, übersinnlicher Wahrnehmung oder Geistesmacht anzweifeln. Ganz gewiss ist hier etwas

Großes zugange, das die Masse nicht vollkommen verstehen oder erklären kann.

Plädoyer für Reinkarnation

Eine weitere Schlussfolgerung – so argumentierte ich gegenüber meiner Mutter (und ich will damit keine religiösen Gefühle verletzen) – ergebe sich aus der Behauptung unserer Religion, dass wir nur einmal leben. Selbst als vierzehnjähriger Jugendlicher wusste ich schon, dass das nicht stimmen konnte. Und jetzt fordere ich dich auf, blicke in dein Innerstes und sag mir, welchen Sinn sollte das haben? Rührt diese Behauptung in dir eine Saite an? Sowohl die Wissenschaft als auch die Religion vertreten die Auffassung, dass die Ewigkeit auf die eine oder andere Weise existiert (wie illusorisch auch immer sie ist). Wir können es sogar spüren, dass unser Wesen und unser Geist etwas Ewiges haben. Und wenn man all dies in Betracht zieht, wieso sollten wir dann nur einmal leben? Wenn dein bester Freund im Sudan während einer Hungerkatastrophe, du selbst aber in Beverly Hills geboren würdest, dann müsstest du doch denken: »O Mann, so ein Mist! Tut mir echt leid. O weh, in der ganzen Ewigkeit ein einziges Leben, und mehr hast du nicht abbekommen? Was für ein verdammtes Pech!«
Doch was ist, wenn wir als spirituelle Wesen so viele Leben haben können, wie wir wollen? Wäre das nicht nachvollziehbarer, da uns doch die ganze Ewigkeit zur Verfügung steht, um in ihr zu spielen? Wäre es nicht einleuchtend, dass du ein Leben sowohl mit männlicher als auch eines mit weiblicher Energie ausprobieren möchtest? Das eine Mal würde man mit der Veranlagung zu einer analytischen linken Gehirnhälfte und ein andermal mit einer künstlerischen Prädisposition auf die Welt kommen. Einmal möchte man vielleicht

28

gerne in technologischer oder spiritueller Hinsicht in primitive Zeiten hineingeboren werden, dann wieder wünscht man sich möglicherweise mehr Fortschritt. Schließlich hat man ja *alle Zeit der Welt!* Kannst du dir vorstellen, dass du achtundsiebzig Billionen Leben führen könntest und noch immer die ganze Ewigkeit vor dir haben würdest? So ungefähr funktionierte mein vierzehnjähriges Gehirn. Zwar erschienen mir meine Schlussfolgerungen wirklich überzeugend, doch erst bei der Lektüre von *Bridey Murphy* fand ich für sie eine Bestätigung von außen.

Bestätigung

Protokoll einer Wiedergeburt. Der weltbekannte Fall Bridey Murphy: Der Mensch lebt nicht nur einmal ist eine wahre Geschichte über einen Hypnosetherapeuten, der eine Patientin in ihre Vergangenheit zurückführte, um ihre wiederkehrende Migräne bei den Wurzeln zu packen. In der ersten Sitzung führte er sie ein paar Jahre zurück. Zwar fanden sie die Ursache für ihre Migräne nicht, doch stellte der Therapeut überrascht fest, dass die Dame sich vollständig und umfassend an den Tag erinnerte, an den er sie zurückversetzt hatte. Sie konnte genau sagen, was sie getragen hatte, was sie zum Frühstück gegessen, mit wem sie den Tag verbracht und welche Gespräche sie geführt hatte. Da sie das eigentliche Behandlungsziel jedoch nicht erreicht hatten, vereinbarten sie eine neuerliche Sitzung.

Beim nächsten Mal führte der Therapeut seine Patientin noch weiter in ihre Vergangenheit zurück – mit dem gleichen Ergebnis: vollständige Erinnerung, aber keinerlei Erkenntnis über die Ursache der Migräne. Sitzung um Sitzung führte er sie weiter zurück, bis sie sich erinnerte, wie sie als Kleinkind über einen Teppich krabbelte. Diesen Teppich konnte sie genauso exakt beschreiben wie den Raum, in dem er lag. Da kam dem Hypnosetherapeuten die Idee, seine Patientin noch weiter in die Vergangenheit zurückzuführen. Ob ihm das wohl gelingen würde? Tatsächlich beschrieb die Patientin ihre Lebensbedingungen in der Gebärmutter, die veränderlichen Lichtverhältnisse, die Temperaturen, Geräusche und sogar die Stimmen. Genialerweise führte er sie dann noch weiter zurück. Wenn *das* kein unkonventionelles Denken ist! Und, man glaubt es kaum, ihre Erinnerungen waren auch da vollständig vorhanden.

Sie beschrieb eine heitere, lichtdurchflutete Atmosphäre und ein Leben, erfüllt von Gesprächen und Reisen im Kreis von Freunden. »Freunde? Reisen?«, fragte der Therapeut. »Wie haben Sie denn mit Ihren Freunden kommuniziert?« Und sie entgegnete: »Gedanken. Jeder weiß, was alle anderen denken.« Da sprach sie doch tatsächlich über übersinnliche Wahrnehmung als Normalzustand!

»Reisen wohin und womit?«, wollte der Therapeut als Nächstes wissen, und sie antwortete: »Man denkt an einen Ort, und schon ist man dort.« Aha! *Geist triumphiert über Materie! Unsere Gedanken verleihen uns Flügel!* Das zu lesen fühlte sich für mich an, als hätte ich gerade eine Art philosophischen einarmigen Banditen ausgeräumt. *Rassel, rassel, rassel,* begleitet von einem Jauchzer nach dem anderen.

Er führte sie noch weiter zurück, und sie beschrieb nun mit irischem Akzent ein anderes Leben in Irland. Juhu! *Reinkarnation!* Er führte sie in die Zeit zwischen den Leben und danach zu einem Leben vor dieser Zeit. Seite um Seite, ein Kapitel nach dem anderen – dieses Buch war die reinste Ekstase für mich. Aber natürlich wurde ihm bei seinem Erscheinen nicht nur unglaubliche Beachtung zuteil, sondern auch handfeste Kritik. Aber jetzt frage ich dich: Ist das Beschriebene für dich nachvollziehbar? Bringt es in dir eine Saite zum Klingen? Ich könnte mir vorstellen, das tut es.

Spitzenmäßig, und das aus gutem Grund: *So fühlt es sich an,*
wenn man auf die Wahrheit stößt!

Nebenbei gesagt stolperte ich mehrere Jahre später zufällig
über *Die zahlreichen Leben der Seele* von Brian L. Weiss.
Dieses Buch weist nicht nur etliche Parallelen zu *Bridey*
Murphy auf, sondern berichtet auch von der Entdeckung,
dass es im Alten *und* Neuen Testament Hinweise auf Reinkarnation gab, die im sechsten Jahrhundert zielgerichtet
entfernt wurden!

Frage, und du wirst eine Antwort erhalten

Dann geschah noch etwas, das für mich Vierzehnjährigen
die Welt auf den Kopf stellte. Ich entschloss mich, die Er-
wachsenen in meinem Bekanntenkreis an meinem Wissen
über *Bridey Murphy* und an meinen neuen Schlussfolgerungen teilhaben zu lassen. Und es trat das Schlimmstmögliche
ein: *Es interessierte sie nicht.* »Ach wirklich, Mike, was du
nicht sagst.« – »Wer hätte das gedacht.« – »Hast du keine
Hausaufgaben mehr zu machen?« Sie wollten einfach nichts
davon wissen, und ich war empört. Ich konnte damals nicht
verstehen (und heute geht es mir nicht anders), wie und
warum nicht absolut *jeder,* selbst der klügste Kopf, mindestens ebenso begeistert und fasziniert davon war, dass ich persönliche Berichte gefunden hatte (die noch dazu weitgehend
übereinstimmten), die Aufschluss über die Beschaffenheit
des Lebens gaben. Wie kam es, dass andere nicht über Erfahrungen staunten, die bestätigten, dass unser Wesenskern
nicht nur unabhängig von unserem Körper existiert, sondern sogar von der physischen Welt im Allgemeinen?

Bis zum heutigen Tag bedauere ich es und halte es für zutiefst
unnütz, dass sich so viele Menschen nicht für die tieferen Zusammenhänge des Lebens interessieren. »Unnütz« deshalb,

weil es so einfach ist, sich nach innen zu wenden, ein paar Zusammenhänge herzustellen, aus ihnen neue Einsichten abzuleiten und den Nachhall einer bislang unentdeckten Wahrheit in sich zu spüren, die dem Leben, das wir führen, mehr Sinn gibt. Solche Entdeckungen flößen Vertrauen ein und schenken Frieden. Sie gestatten es uns, unsere Macht mit größerer Gewissheit zu spüren, und deuten zugleich an, wie sie einzusetzen ist. Und stets sorgen sie dafür, dass wir uns noch tiefer in das Geschenk unseres »Seins« verlieben.

Es ist die Wahrheit: Du bist unsterblich, mächtig und überirdisch – und dafür gibt es überall in deinem Leben Beweise. Doch wenn du nicht nach den tieferen Wahrheiten des Lebens fragst, dann musst du auf dem Weg zu ihnen mit Treffern *und* Fehlschüssen rechnen.

Gruß vom Universum

Niemand auf dieser Seite des Vorhangs von Zeit und Raum würde jemals auf die Idee kommen, einem auf eurer Seite zu sagen, dass er bezüglich seiner Überzeugungen auf der Leitung steht, sich im Hinblick auf seine Beziehungen in die eigene Tasche lügt, das »Offensichtliche« übersieht oder sich vor den wirklichen Fragen drückt. So dumm wäre hier niemand, denn was würde passieren? Ihr würdet uns als mäkelig abstempeln, als voreingenommen und unsolidarisch!
Außerdem ist das gar nicht nötig. Das System funktioniert wunderbar. Jeder entdeckt die Wahrheit auf eine von zwei Arten: entweder durch Innenschau, indem er sich nach innen wendet und ein paar Zusammenhänge herstellt, oder durch die Manifestation von Chaos.
Ha! Doppelt gewonnen!
Das Universum

Alles in allem kommt es auf Folgendes an: Du kannst dich nicht nur nach innen wenden, um Aufschlussreiches über Hellsichtigkeit und Reinkarnation zu erfahren, sondern auch, um dich über deine einzigartigen Lebenssituationen erleuchten zu lassen! Wenn du das nicht tust, wenn du nicht dein eigener Impulsgeber sein willst und dich weigerst, deine eigene Großartigkeit zu offenbaren und einzusetzen, egal, ob du durch Schmerz oder Neugier dazu angestachelt wirst, dann erwartet dich das Chaos. Richte deine Aufmerksamkeit auf die Bereiche deines Lebens, mit denen du noch nicht zufrieden bist. Wende dich nach innen und stell ein paar Zusammenhänge her. Erkenntnis wird folgen.

Es überrascht mich immer wieder, wie viele Menschen darauf verzichten, sich zu fragen, wer sie wirklich sind und was sie mit ihrem Leben eigentlich anfangen wollen. Selbst beruflich erfolgreiche Leute, die ihr Handwerk beherrschen, wie Ärzte, Rechtsanwälte, Banker, Schlachter, Bäcker oder Kerzenzieher, marschieren oft noch immer im Gleichschritt mit ihren Eltern und Vorfahren. Sie übernehmen deren Ideologien und spirituelle Überzeugungen, als ob sie keine andere Wahl hätten. Wenn sie sich nur die Zeit nähmen, ihren Scharfsinn nach innen zu richten und sich ein paar Fragen über die Lebensbereiche zu stellen, in denen es nicht so gut läuft, dann würden sie sich selbst in Erstaunen versetzen.

Einmal habe ich einen Gruß vom Universum formuliert, der sich genau auf diesen Punkt bezieht. Damals fand ich ihn ein bisschen grob, aber ich habe ihn trotzdem veröffentlicht, und niemand hat sich beklagt. Hier ist er noch einmal, extra für dich:

Gruß vom Universum

*Du kannst es dir vielleicht nicht vorstellen, aber wir
hier sind auch manchmal frustriert. Der klassische Fall
tritt bei der Heimkehrbegrüßungsparty ein, wenn wir
den Ehrengast jammern hören: »Aber ich hatte doch
keine Ahnung! Da wäre ich nie draufgekommen! Ich
hatte keine Vorstellung davon, dass ich so viel Macht
habe! Ich wusste nicht, wie viel Einfluss ich auf andere
habe! Mir war nicht klar, dass ich selbst für meine
Gedanken, Worte und Taten verantwortlich bin! Ich
hatte wirklich keine Ahnung!«
Aber noch schlimmer ist es für sie, wenn wir entgegnen:
»Schon, aber du hättest es wissen können!«
Natürlich lockern wir die Bemerkung mit etwas
Nettem auf, wie: »Deine Flügel stehen dir großartig!«
Halali,
das Universum*

Ich rufe mir diesen Gruß immer wieder ins Bewusstsein.
Er ist ein guter Ansporn, weil ich genauso bin wie du: ein
Abenteurer. Ich habe hier auf dieser Reise Dinge zu lernen
und Herausforderungen zu meistern. Gelegentlich bediene
ich mich der alten Leier und beklage mich. Das klingt etwa
so: »Mist! Wieso passiert immer wieder das Gleiche?«
Oder: »Warum werde ich so wütend?« Oder: »Wieso komme ich nicht in dem Maß voran, wie ich es mir vorgestellt
habe?«
Dann muss ich mir vergegenwärtigen, dass es nichts bringt,
wieder und wieder das Gleiche zu tun, aber ein anderes Ergebnis zu erwarten. Schließlich stelle ich mir die Frage:
»Was ist es, das ich nicht sehe, das aber offensichtlich da ist?
Wie könnte ich die Situation sonst noch betrachten?« Mehr

muss niemand tun, um sich bei der Suche nach der Wahrheit auf ein neues Abenteuer einzulassen.

Schlussfolgern: Die Wahrheit ergründen

Ich möchte noch ein wenig mehr über das Schlussfolgern sagen. Im *Time Magazine* habe ich einmal gelesen, dass Albert Einsteins Fähigkeit, komplexe Fragestellungen und mathematische Gleichungen mit bloßem Nachdenken zu durchdringen, kennzeichnend für sein Genie war. Das zu lesen, machte mich ein wenig ungehalten, weil ich dachte: »Das tue ich doch auch!« Und dann wurde mir plötzlich klar: »Augenblick mal, das tut *jeder!*« Jedenfalls *könnte* es jeder tun. Nur leider hat man uns schon von früh auf gelehrt, dass wir erst einmal unseren Verstand ausbilden, mehr lernen und mehr Bücher lesen müssen. Diese Lektion basiert jedoch auf der Vorstellung, dass das Wissen *außerhalb von uns* existiert. Niemandem von uns wurde beigebracht, sich *nach innen* zu wenden, um etwas zu lernen oder ein Problem zu lösen. Doch genau da befindet sich der größte Wissensschatz: in unserem eigenen Inneren!

Im Wesentlichen funktioniert Schlussfolgern so: Angenommen, du kennst mit letzter Sicherheit die Wahrheit über A und die Wahrheit über B. Indem du dich nun nach innen wendest und über diese Wahrheiten nachsinnst, kannst du mit letzter Sicherheit die Wahrheit über C ableiten. Und richtig aufregend wird es dann, wenn du die Wahrheit über D und E weißt, weil du aus ihr die Wahrheit über F ableiten kannst. Noch aufregender wird es, weil du jetzt, da du nun außerdem die Wahrheit über C und F kennst, mit dem Ableiten *bis in alle Ewigkeit* weitermachen kannst. Es stellt sich heraus, dass es *nichts* gibt, was du nicht ableiten kannst, wenn du dich zuvor nach innen wendest. Diese Tatsache erwähne ich, weil du dich grundsätzlich immer dann zuerst nach innen wenden solltest, wenn du Antworten auf irgendwelche verzwickten Fragen suchst. Was du auch wissen willst, wende dich nach innen. Und das Beste ist, dass du im Allgemeinen nur ein paar Zusammenhänge herstellen musst – nicht einmal alle! –, um die gesuchten Antworten zu erhalten.

Wenn ich bei meinen Workshops zum Thema des Schlussfolgerns und der spontanen Erkenntnis gelange, dann zeige ich gerne ein Bilderrätsel, bei dem man erst die Punkte verbinden muss, bevor man die Darstellung eines geheimnisvollen Strandtiers erkennt. Ohne die Punkte zu verbinden, erkennt niemand, um welches Tier es sich handelt. Ich zeige das Bild ein zweites Mal, nachdem ich etwas weniger als die Hälfte der Punkte verbunden habe, und dieses Mal gelingt vielen die Auflösung des Rätsels. Spontane Erkenntnis stellt sich ein, und plötzlich ist niemand im Publikum mehr im Zweifel darüber, dass es sich bei dem geheimnisvollen Strandtier um ein Nashorn handelt!

Einmal sagten einige Teilnehmer zu mir: »Mike, du hast geschummelt! Niemand würde jemals ein Nashorn am Strand erwarten!« Und so hatte meine kleine Übung noch eine zusätzliche *unbeabsichtigte* Lektion erteilt: In der überwiegenden Zahl der Fälle, wenn nicht immer, fallen die Antworten auf unsere Fragen zu den heikleren Punkten unseres Lebens anders aus, als wir es erwarten. Deshalb fällt es uns so schwer, sie aufzuspüren. Wenn man ratlos ist, lautet die Frage also unweigerlich: »Was fällt mir nicht ein, was mir aber einfallen könnte?« Oder anders ausgedrückt: »Was übersehe ich, das eigentlich unübersehbar ist?«

Die *beabsichtigte* Lektion war natürlich, dass wir *nicht einmal die Hälfte* der Punkte verbinden müssen, um eine spontane Erkenntnis auszulösen. Und genau das möchte ich dir im Zusammenhang mit den Lebensbereichen vermitteln, in denen du im Matsch feststeckst oder zu wenige Fortschritte machst: *Erde dich in der Wahrheit, besinne dich auf dein Erbe, beziehe das Unerwartete mit ein, wende dich nach innen und stelle **ein paar Zusammenhänge** her.* Du musst nicht gleich dein ganzes Leben entwirren und herausfinden, wer du im fünfzehnten Jahrhundert warst, oder auf Methoden zur Programmierung deines Unterbewusstseins zurückgreifen. Stelle einfach nur die Zusammenhänge her, die dir zugänglich sind. So wirst du eine vollkommen neue Perspektive gewinnen, mit deren Hilfe du alles durchschaust, was immer dich auch frustriert.

Gruß vom Universum

Würde es dir reichen zu wissen (und du kannst dieses Wissen durch Schlussfolgern erlangen), dass du vor langer Zeit, als wir beide sorgsam dein gegenwärtiges Abenteuer im Dschungel von Zeit und Raum planten – welche Berge und Täler du überwinden würdest, welchen Rückschlägen und Fortschritten du begegnen würdest, das Gute, das Schlechte und das Abscheuliche und all die Leben, mit denen du in Berührung kommen würdest – und als dann die Planung abgeschlossen war und sich das Gesamtbild offenbarte, dass du da in Freudentränen ausgebrochen bist, überwältigt von der Vollkommenheit desjenigen, der du geworden warst.
Ja, genau wie ein Baby.
Das Universum
PS: Ich werde es niemals vergessen, denn auch ich musste weinen.

Das Gesamtbild

Also gut, dann wollen wir uns gemeinsam ein wenig im Schlussfolgern üben. Ich vermute, dass du inzwischen auf einer Verständnisebene mit mir bist. Du begreifst jetzt, dass Zeit eine Illusion ist und nicht etwa zementierte Wirklichkeit. Selbstverständlich besitzen Zeit und Raum eine Wirklichkeit *in ihren eigenen Grenzen,* doch im Rahmen des Gesamtbildes sind sie keine unverrückbare Wirklichkeit. Einstein brachte diese Tatsache in seiner Relativitätstheorie zum Ausdruck: Zeit und Raum werden von einer zur anderen Person und von einer zur anderen Situation unterschiedlich empfunden. Mit anderen Worten, sie sind Illusion und subjektiv. Kannst du mir folgen?

Die Quelle

Auf der Basis dieses Grundgedankens wollen wir noch ein paar weitere Zusammenhänge herstellen. Wenn Zeit und Raum keine zementierte Wirklichkeit sind, bedeutet das dann nicht, dass sie beide ihren Ursprung in einer tieferen Wirklichkeit haben müssen, die vor ihnen da war, in einer vorzeitlichen und vorräumlichen Wirklichkeit? Ja, so *muss* es sein. Nun, da wir geschlussfolgert haben, dass es eine Wirklichkeit vor Zeit und Raum gegeben haben muss, möchte ich von dir wissen: Wem oder was begegnet man in ihr?

Die Antwort auf diese Frage aber scheint sich wie ein riesiges Bild aus zweiundsiebzig Billionen Punkten zusammenzusetzen. Es ist also nur zu verständlich, dass du dich beim Anblick all dieser Punkte überfordert fühlst (dann auf die Uhr schaust und feststellst, dass du noch wo hinmusst und keine Zeit hast, die Punkte zu verbinden oder, anders ausgedrückt, die Zusammenhänge herzustellen). So ist das im Leben. Manche Menschen fühlen sich derart überfordert, wenn sie das Gesamtbild der Wirklichkeit betrachten, dass sie den *offensichtlichen* Schluss nicht ziehen.

Ich will jetzt einen Zusammenhang herstellen, dem du vollkommen zustimmen wirst, auch wenn du gerade eben, als ich dich gefragt habe, wem oder was du in der Wirklichkeit vor Zeit und Raum begegnest, noch keinen blassen Schimmer hattest.

Bewusstsein ist Gott ist Gedanke

In der Wirklichkeit vor Zeit und Raum begegnest du Bewusstsein – göttlichem Bewusstsein, wenn du willst »Gott«, dem Universum oder unendlicher Intelligenz. Es kann gar nicht anders sein, es sei denn, du bist der Meinung, dass unsere Anwesenheit hier keine Intelligenz erfordert. Und wenn es keine solche Intelligenz gibt, dann muss das bedeuten (und manche sind tatsächlich zu diesem Schluss gekommen), dass wir ein zufälliges Produkt aus Sternenstaub sind, der sich vor Millionen Jahren zusammengeballt hat, irgendwie ein Bewusstsein erlangt, schließlich aus dem Meer herausgefunden, aufrecht gehen gelernt, die Sprache erfunden, Bücher geschrieben und lesen gelernt hat. Zum Glück haben wir diese Hypothese bereits verworfen, als wir feststellten, dass Zeit und Raum keine zementierte Wirklichkeit sein können. Sie sind Illusion und wohl kaum der rechte Ort, um in Sternenstaub ein Bewusstsein zu zünden.

All das kann nur bedeuten, dass es eine Wirklichkeit geben muss, die Zeit und Raum vorausgeht, und wir können nun schlussfolgern, dass sie ein Bewusstsein *haben muss*. (Bitte vergib mir, dass ich, noch während ich von Zeitlosigkeit spreche, zeitbezogene Angaben wie »vorausgehen« und

»haben muss« mache. Worte vermögen Gedanken hier kaum zu fassen, doch ich tue mein Bestes.) Und durch welchen Begriff definiert man Bewusstsein? *Denken!*

Die Schlussfolgerung: Gottes Angesicht

Halt dich gut fest, denn gleich heben wir ab: Wenn dort, wo sich heute Sonnensysteme, Planeten, Kontinente, Ozeane und Berge befinden, einmal nichts als Denken war, woraus wird dann alles Heutige bestehen? *Es muss aus Gedanken beschaffen sein (oder wenigstens einer Ableitung oder Form von Gedanken)!*

Und da drängt sich noch ein weiterer Zusammenhang auf, den wir herstellen müssen, denn er wird dir zu deiner Macht verhelfen und dich auf deinen Thron heben. Wenn es ursprünglich nichts als göttliches Bewusstsein, göttliche Intelligenz oder Gott gab und es heute (neben allen anderen) dich und mich gibt, *wer sind wir dann?* Wir *müssen* die Augen und Ohren Gottes sein, *Gott in Reinform!* Wie offensichtlich die Antwort mit einem Mal ist! Wir sind zu dieser Schlussfolgerung gekommen, indem wir mit unserem schlussfolgernden Geist einfach *ein paar Zusammenhänge* hergestellt haben.

Damit es dir leichter fällt, diese Einfachheit zu erkennen, ziehe Folgendes in Betracht: Es ist unmöglich, eine Küche mit Mohrrüben und Kartoffeln zu betreten und eine Stunde später mit einem Apfelkuchen wieder herauszukommen. Ebenso unmöglich ist es, eine »Gleichung« mit hundert Prozent Gott in Reinform aufzumachen und dann ein Ergebnis zu erlangen, das weniger als hundert Prozent Gott in Reinform ist. Wir *sind* Gott, der in der Illusion von Zeit und Raum lebendig geworden ist. Du bist göttlich. Du bist heilig. Du bist hundert Prozent Gott in Reinform. Nicht ein einziges Atom deines illusionären Körpers oder deiner Gedanken und deines Bewusstseins kann etwas anderes als reine Göttlichkeit sein.

Du bist *Teil* des Schöpfers, bist *vom* Schöpfer geschaffen und bist *jetzt* selbst ein *müheloser Schöpfer*. Es ist dir nicht einmal möglich, dein Schöpfen einzustellen, denn du kannst nicht aufhören zu denken. Alles ist aus Gedanken gemacht! Du hast die genau gleichen Eigenschaften wie der göttliche Geist, die göttliche Intelligenz, das göttliche Bewusstsein oder Gott. Eindeutig ist ein jeder von uns in gewissem Sinne ein Mini-Ich des Universums. Und da liegt der Ursprung deiner Macht.

Gruß vom Universum

*Glaubst du etwa, ich, das Universum, hätte eine Welt
geschaffen und bewohnt, um in ihr herauszufinden, dass
es Dinge gibt, die ich nicht haben, tun oder sein kann?
Glaubst du, ich schaffe Berge,
die nicht versetzt werden können?
Glaubst du, ich empfinde Liebe,
die nicht erwidert werden kann?
Glaubst du, ich habe Träume,
die nicht wahr werden können?
Oder meinst du nicht auch, dass ich mit größter
Sorgfalt darauf geachtet habe, auch hier auf meine
Kosten zu kommen, egal, als wer ich in die Welt
eintrete, mit welcher Bildung, in welches Zeitalter und
was die anderen dort von mir halten?
So ist es, Schätzchen.
Das Universum
PS: Diese Knöpfe lassen sich leicht drücken, stimmt's?*

Rampenlicht, Kameras, Leidenschaft

Ich kann mir vorstellen, wie dein Verstand jetzt rattert und wie du vielleicht denkst: »Augenblick mal, Mike. Ich kann mich nicht daran erinnern, dass ich die Sonne, den Mond und die Sterne erschaffen habe. Ich weiß kaum noch, was ich gestern zu Mittag gegessen habe. Wie könnte ich da die Augen und die Ohren des Göttlichen sein?« *Als ob ein schwaches Gedächtnis das für ungültig erklären könnte, was so leicht herzuleiten und mit ein bisschen Nachdenken vollkommen offensichtlich ist!* Außerdem kannst du mit ein bisschen Schlussfolgern schnell durchschauen, warum du absichtlich vergessen hast, welche Rolle du bei der Erschaffung deiner Ecke von Zeit und Raum gespielt hast.

Stell dir zum Beispiel vor, dass du am helllichten Nachmittag einen Film ansiehst. Möchtest du das Licht dabei an- oder aushaben? Doch wohl eher aus, nicht wahr? Warum? Damit du den Film besser sehen kannst – aber nicht nur mit den Augen. Du möchtest ihn mit deinem Herzen sehen. *Du willst ihn spüren!* Du willst, dass die einzelnen Szenen dich mit Leidenschaft erfüllen. Du willst vorankommen. Du willst kämpfen. Du willst Hindernisse überwinden. Du willst dich in Cameron Diaz verlieben oder in einen anderen der Protagonisten. Wenn das Licht aus ist, kannst du besser vergessen, wer du bist. Zumindest für eine Weile, für etwa neunzig Minuten. Denn schließlich weißt du ja, dass es am Ende des Films nur eines Lidschlags bedarf, um dich in die sogenannte Wirklichkeit und in dein Leben zurückzuholen. Während du dich in den Film versenkt und dich selbst vergessen hast, wurdest du unterhalten, belehrt und bereichert. Ja, ich möchte behaupten, dass dich die Erfahrung verändert hat, und ich wage sogar zu vermuten, zum Besseren, auch dann (oder vor allem!), wenn der Film deine Erwartungen nicht erfüllt hat.

Nicht anders verhält es sich mit dem Leben. Du musst dich nicht daran erinnern können, *wie* du an Ort und Stelle gekommen bist, *wie* du die Richtung festgelegt, die Bühne bereitet oder deine Eltern gewählt hast, um zu wissen, *dass* du es getan hast (hiermit werde ich dir gleich helfen, indem ich für dich ein paar weitere Zusammenhänge herstelle). Ebenso ist dir klar, dass das Nichterinnern eines Sachverhalts diesen keineswegs negiert. Schließlich erwartest du ja auch nicht, dass du dich an die mehr als zweitausend Herzschläge erinnerst, die dein Herz geleistet hat, seit du in diesem Buch liest. Musst du das Schub-Gewichts-Verhältnis eines Flugzeugs kennen, um mit ihm zu reisen? Musst du wissen, wer in einem dunklen Raum das Licht angemacht hat, um es für dich zu nutzen? Nein. Genauso wenig brauchst du die Augenblicke zu kennen, die dich zum heutigen Tag geführt haben, um Gewissheit darüber zu erlangen, dass du eine Rolle bei ihrem Zustandekommen gespielt hast. Indem du dich als göttlicher Schöpfer erkennst, auch wenn du nicht mehr weißt, wie und was du bisher erschaffen hast, kannst du dennoch dein Selbstvertrauen finden, einen neuen Kurs festlegen und das Kommando über dein Leben und seine Manifestationen übernehmen.

Der Beweis

Selbstverständlich wird es trotzdem Menschen geben, die handfeste Beweise bevorzugen. Kein Problem! Unser Leben liefert ausreichend Bestätigungen für alles, was ich gesagt habe: für unser spirituelles Wesen und für unsere unglaubliche Macht (eine Macht geformt durch die Gedanken, die wir denken). Wir alle haben wieder und wieder und wieder miterlebt, wie aus unseren Gedanken die Dinge und Ereignisse unseres Lebens geworden sind. Außerdem haben wir gerade geschlussfolgert, dass, wenn dort, wo früher nichts war als Gedanken und wo sich heute Sonnensysteme, Planeten, Kontinente, Ozeane und Berge befinden, dass dann all dies aus Gedanken beschaffen sein muss, nicht wahr? *Nun sieh einer an, wer da gerade denkt!*

> *Am schwersten zu erklären ist der offenkundige Beweis,*
> *den keiner sehen will.*
>
> AYN RAND

Denke darüber nach, wie sich dein Leben bisher entwickelt hat. Eins möchte ich wetten: Bei fünfundneunzig Prozent aller entscheidenden Ereignisse und Situationen in deinem bisherigen Leben – ob es sich um die Wahl deiner Ausbildung und ihrer Dauer, deines Arbeitsplatzes oder deines Lebensgefährten handelt – erinnerst du dich daran, was du im Vorfeld deiner Entscheidungen gedacht und welche Ergebnisse du dir ausgemalt hast. Dein Leben selbst ist dafür der Beweis. Warum du für die restlichen fünf Prozent noch keine Erklärung hast, wirst du spätestens nach der Lektüre des siebten Kapitels »Unglück verstehen« begreifen.

Gedanken werden Dinge. Dieser kurze Satz erklärt umfassend, auf welche Weise uns *tatsächlich* die Herrschaft über alles anvertraut wurde. Es sind unsere Gedanken. Wir selbst entscheiden, was wir denken und ob wir Himmel und Erde in Bewegung setzen. Deine Gedanken sind das Ein und Alles, wenn du dir Veränderung in deinem Leben wünschst. Sie sind das A und O, wenn du dich nach dem Leben deiner Träume sehnst. *Deine* Gedanken, *dein* Fokus, *deine* Macht!

Weil Gedanken Dinge werden, deshalb gibt es das Gesetz der Anziehung. *Gedanken werden Dinge* ist die primäre Triebkraft, das erste Prinzip, der Heilige Gral! Und daher wissen wir auch sofort, wo unser Platz in der Gleichung der Wirklichkeitserschaffung ist. Schließlich sind wir mühelose Schöpfer und wählen unsere Gedanken selbst!

Aber warum ist es dann nicht möglich, dass sich Goldmünzen auf magische Weise einfach so in deinen Händen materialisieren, wenn doch *Gedanken Dinge werden?* So müsste es doch sein, wenn man den Satz wortwörtlich versteht. Doch wir leben gemeinsam mit sechs Milliarden anderen Menschen in einem Wirklichkeitskontinuum, das eine eigene Erfolgs- und Erfahrungsgeschichte hat, physikalischen Gesetzen gehorcht und über eine eigene Schwungkraft verfügt, auf die wir vertrauen und der wir uns unterordnen, weil wir es so gelernt haben. Die Materialisierung von Goldmünzen aus dünner Luft würde den Überzeugungen und Erwartungen jener zuwiderlaufen, mit denen wir dieses Kontinuum teilen, ganz zu schweigen von den physikalischen Gesetzen, die wir dabei umstoßen würden und denen wir bisher ganz gerne den Vorrang einräumen.

Statt also diese Dinge aus dem Äther zu manifestieren, geschieht etwas, *das noch wundersamer ist.* Sobald du eine klare Vorstellung von einer Sache in deinem Kopf hast, wird in Übereinstimmung mit den physikalischen Gesetzen, mit deinen Überzeugungen und mit deinen Erwartungen an das, woran auch immer du gerade denkst (und mit den Vorstellungen jener, die ebenfalls von deiner Manifestation betroffen sind), sofort ein entsprechender Sog in Gang gesetzt, der dem Gesetz der Anziehung gehorcht. Unsere Gedanken verfügen über eine eigene Energie und Lebenskraft, die im wahrsten Sinne des Wortes die Mitspieler und Umstände unseres Lebens neu ordnen und uns bereitmachen für die sogenannten »Unfälle«, Zufälle und glücklichen Fügungen, die letztlich unsere neuen Manifestationen hervorbringen.

So gesehen werden unsere Gedanken im wahrsten Sinne des Wortes (jedoch nicht umgehend) zu den Dingen und Ereignissen unseres Lebens. Die Umstände verwandeln unsere Gedanken unter Berücksichtigung von Millionen anderer Variablen in das, was wir uns wünschen. Es gibt nichts, was die Macht unserer inneren Ausrichtung abschwächen könnte – nicht das Karma, nicht die Engel und auch keine alten spirituellen Verpflichtungen. Sie alle haben zwar ihren Platz, bringen bestimmte Wahrheiten zum Ausdruck und erklären bestimmte Phänomene in Zeit und Raum. Doch sie schmälern keineswegs unsere Fähigkeit, unsere Gedanken selbst zu wählen. Nichts kann verhindern, dass unsere Gedanken schließlich Dinge und Ereignisse in unserem Leben werden, außer unseren eigenen widersprüchlichen Gedanken – eingeschlossen alle allgemeinen und persönlichen Überzeugungen, mit denen wir Menschen das Mögliche festschreiben. Du bist ein müheloser Schöpfer, weil du ohne Anstrengung denkst. Dafür erbringst du mit deinem Leben den Beweis.

Gruß vom Universum

Erkenne, dass du bereits bist. *Das zu erkennen,*
reicht aus und ist das Beste, was ich dir zu dem Thema
»das Leben deiner Träume führen« sagen kann.
Im Angesicht von Höherem,
das Universum

Der Tanz des Lebens fängt damit an, dass du verstehst, *wer* du wirklich bist. Das ist es, das wirklich zu Buche schlagen wird.

Und dann warst du da!

Bevor wir dieses Kapitel zum Abschluss bringen und zum Kern unseres Themas vordringen, möchte ich dich durch noch eine abschließende Kette von Schlussfolgerungen führen. Sie wird dir neue Erkenntnisse bescheren, dein Erbe und deine Macht offenbaren und dir verdeutlichen, wie und warum du hierhergekommen bist.

Wenn du jetzt begriffen hast, dass du göttlichen Ursprungs bist, dass du aus reiner Quellenenergie, reinem Universum bestehst, dass du aus der Gesamtheit der göttlichen Intelligenz, die Zeit und Raum *vorausgeht,* hervorgegangen bist, dann weißt du auch, dass dein Ursprung ebenfalls *vor* Zeit und Raum liegt. Mit diesem Wissen kannst du noch einen weiteren *umwerfenden* Zusammenhang herstellen.

Wenn du Zeit und Raum vorausgehst (und so ist es), dann gibt es nur eine nachvollziehbare Erklärung für deine Anwesenheit in diesem illusionären Hier und Jetzt: *Du hast es so gewollt.* Eine andere Erklärung gibt es nicht. Du *warst* zuerst da. Du warst kein nachträglicher Einfall. Du warst kein Experiment. Du wurdest nicht von einer Wolke heruntergeschubst. Du hast nicht das kürzere Hölzchen gezogen. Göttlicher Geist geht nur dann irgendwohin, wenn göttlicher Geist *es will.* Dessen kannst du dir intuitiv und intellektuell ganz und gar sicher sein.

Noch ein Schluss lässt sich auf der Basis dieser Zusammenhänge ziehen. Deine Entscheidung für das Hier und Jetzt, die du vor deinem dir selbst auferlegten Gedächtnisverlust getroffen hast (aufgrund dessen du dich nicht erinnerst, was dich dazu veranlasst hat, Zeit und Raum zu wählen), hast du zweifellos auf dem höchsten Punkt deiner einzigartigen Bewusstheit und deines göttlichen Scharfsinns getroffen. Deshalb kannst du auch sicher sein, dass deine Entscheidung eine Entscheidung allererster Güte ist und dass du unumstößlich gute Gründe für sie hattest. Es spielt keine Rolle, dass dir diese Gründe im Augenblick nicht zugänglich sind – vermutlich wirst du sie irgendwann einmal herleiten. Ohnehin kannst du ziemlich leicht schlussfolgern, wie wir es ja eben getan haben, dass dein Ausgangspunkt ein »Ort« auf der Ebene des Genialen war und dass du das *Hier und Jetzt* von *dort* aus gewählt hast.

Das bedeutet, du selbst hast, um deines Abenteuers willen, die Bühne ausgewählt, auf der du dein Leben spielst. Dabei war nichts vorherbestimmt. Du hast diese Bühne aufgrund ihres Potenzials gewählt, *dir* als Herausforderung zu dienen, *dich* zu begeistern und *dich* das lernen zu lassen, *was zu lernen du dir am meisten gewünscht hast.* Du hast dich willentlich für *die* Knöpfe entschieden, die dich zu dem Menschen machen, der du jetzt bist. Du wolltest diese Knöpfe drücken – die guten, die schlechten und die schwierigen.

Außerdem kannst du dir vollkommen sicher sein, dass du, so wie du bist und mit all deinen Ecken und Kanten, *genau die Person bist, die du wirklich sein wolltest!* Göttlicher Geist geht keine Risiken ein, denn das hat er gar nicht nötig. Das wäre eine lächerliche Vorstellung. Du hast nicht in der Schlange gestanden und gesagt: »Okay, ich habe Lust auf Zeit und Raum! Was kann ich denn noch abbekommen?« Du hast die Person, die jetzt gerade diese Worte liest, mit Vorsatz und in allen Details zielgerichtet selbst entworfen.

Wenn du begreifen kannst, dass du göttlichen Ursprungs, von Gott geschaffen und selbst göttlich bist, dann gibt es keine andere plausible Erklärung für deine Anwesenheit hier, als dass du dich entschieden hast, genau so, wie du bist, jetzt hier zu sein. Und diese Einsicht wird dir in Erinnerung rufen, dass alles nach Plan verläuft, dass du dich dort befindest, wo du sein willst, und dass du *genau* wusstest, worauf du dich einlässt.

Dein Denken in Verbindung mit deiner Fähigkeit, durch Schlussfolgern bewusst Erkenntnis herbeizuführen, sorgt dafür, dass du dich in deinem Leben nie wieder gefangen, ratlos oder beunruhigt zu fühlen brauchst. Denn du musst dich nur nach innen wenden, ein paar Zusammenhänge herstellen und über den Rand deiner Sonnenbrille blicken, um zu erkennen, wie du dein Leben und deine Umstände anders einordnen könntest.

Gruß vom Universum

Es ist so, als klopftest du an die Pforten zum Königreich deiner wildesten Träume. Zunächst zaghaft, sogar respektvoll und dann, mit abnehmender Geduld, immer lauter. Du bittest. Du flehst. Du bettelst. Du fragst. Du schreist. Du jammerst. Und auf der anderen Seite der Tür krümmen sich deine treuen, dich anbetenden Untertanen – manche weinen still, sie alle spüren deine Frustration und Einsamkeit.
Doch sie erinnern sich nur allzu gut daran, dass du sie am Tag deines Fortgehens hast schwören lassen, niemals und unter keinen Umständen das Tor zu öffnen, damit du selbst herausfinden kannst …
… dass es unverschlossen ist.
Ich kann es nicht leiden, wenn das geschieht,
das Universum

Warum liest du dieses Buch? An welche Türen hast du bereits geklopft? Ich habe das Vergnügen, dir mitzuteilen, dass die Türen unverschlossen sind und dass du lediglich ein paar Zusammenhänge herstellen und das Unvorhersehbare erwarten musst, um die Erkenntnis zu erlangen, nach der du suchst. Es wird dir ein Leichtes sein, durch die geöffneten Türen hindurch in eine vollkommen neue, aufregende Welt zu gelangen. Sei versichert, die Wahrheit liegt in dir, ebenso wie die Antworten auf all die Fragen, die du jetzt stellst.

Du schaffst das!

Ich möchte dir eine kleine Übung vorstellen, die ich selbst häufig mache: »Meine Gedanken, die bereits Dinge geworden sind.« Schreib einfach ein paar deiner Träume oder Gedanken auf, die bereits zu den Dingen und Ereignissen deines Lebens geworden sind. Lass beim Erstellen dieser Liste immer eine Zeile zwischen den einzelnen Beispielen frei. Sobald deine Liste fertig ist, notiere in diese leeren Zeilen deine gegenwärtigen Träume, die sich eines Tages erfüllen *werden*.

Diese einfache Vorgehensweise, bei der zurückliegende Erfolge mit in der Zukunft erwarteten Erfolgen in Verbindung gebracht werden, wird dir Macht verleihen und dich daran erinnern, dass du bereits erfolgreich warst. Sie wird dir ins Gedächtnis rufen, dass es für dich nichts Neues ist, Gedanken zu Dingen werden zu lassen, und dass du keinerlei Vorbedingungen erfüllen musst. Du bist bereits ein Meister im Gebrauch deiner Manifestationsmuskeln, du bist ein müheloser Schöpfer. Kein Mensch muss erst lernen, wie er aus seinen Gedanken Dinge machen kann. Vielmehr brauchen wir uns nur daran zu erinnern, dass wir bereits mühelose Schöpfer sind. Dann können wir uns zielgerichtet und bewusst unserer natürlichen, angeborenen Fähigkeit bedienen, Materie zu verändern.

Jetzt noch eine Abwandlung dieser Übung: Schreibe Ängste und Herausforderungen auf, die du in der Vergangenheit überwunden hast. Zwischen diese Einträge setzt du dann deine gegenwärtigen Ängste und Herausforderungen. Auch hier wird dich wieder die Gegenüberstellung von früheren Erfolgen und gegenwärtigen Hürden daran erinnern, dass du kein Neuling auf diesem Gebiet bist. Das Territorium, das du betrittst, ist dir vertraut. Du kannst auch diesmal erfolgreich sein.

Falls du auch noch eine dritte Variante dieser Übung ausprobieren möchtest: Du könntest eine lange Liste von Personen zusammenstellen, die das erreicht haben, was du erreichen möchtest, und dann deinen Namen irgendwo in dieser Aufzählung einfügen. Meine Liste sieht so aus: Dr. Wayne Dyer, Dr. Deepak Chopra, Fabio ... Mike Dooley – *jawohl!*

Diese Übungen sind, wie die anderen, die noch folgen, äußerst unkompliziert. Doch unterschätze nicht ihre Wirkung. Alles in allem geht es darum, mentale Bilder von den Erfolgen zu erzeugen, die du dir wünschst. Alles, was dir einfällt, um dich an deine Macht zu *erinnern,* um deine Gedanken *in Übereinstimmung* mit dem Leben deiner Träume zu bringen, um das Leben deiner Träume zu *leben,* um der Mensch zu sein, der du *sein* möchtest, *führt zum Ziel.* Nimm dir nun einen Augenblick Zeit und fang an, Listen zu schreiben.

KAPITEL 2

Die wunderbaren Mechanismen der Manifestation

E s stimmt zwar, dass die Mechanismen der Manifestation etwas Wunderbares haben, doch das macht sie noch nicht zu einem Geheimnis. Keineswegs. In diesem Kapitel wollen wir uns damit beschäftigen, was geschehen muss, damit Veränderungen eintreten. Nun wollen wir zum ersten Mal hinter den Vorhang von Zeit und Raum blicken. Wir werden feststellen, dass praktisch all die unsichtbaren Mechanismen, die Veränderungen herbeiführen, von unserer Seite des Vorhangs programmiert werden können. Mit anderen Worten, wir werden verstehen, dass sich das Universum seine Stichworte direkt von unseren bewussten Gedanken, Worten und Handlungen holt. Es reißt den Stab des Staffellaufs sozusagen an sich und rennt los, um die zahllosen, unabsehbaren und atemberaubenden »Wunder« zu vollbringen, die schließlich aus unseren Gedanken Dinge werden lassen.

Das größte Geheimnis

Als ich das Material für dieses Buch zusammenstellte, dachte ich: Wenn ich über die Mechanismen der Manifestation sprechen will, dann ist es gewiss am besten, mit der allerersten Manifestation zu beginnen, *dem Dschungel von Zeit und*

Raum. Fragst du dich nicht auch, wie all dies zustande kommen konnte? Ist diese Schöpfung für dich nicht auch ganz und gar unglaublich? Wunderst du dich nicht auch über die Intelligenz und Brillanz, die all die Einzelheiten ausgewählt haben muss – die *atemberaubende* Schönheit, die *unvorstellbare* Vollkommenheit und die *unendliche* Unermesslichkeit? Hast du gewusst, dass die moderne Wissenschaft von über einhundert *Milliarden* Sternen *allein* in der Milchstraße ausgeht? Dass sie außerdem die Existenz von mindestens hundert Milliarden weiteren *Galaxien* annimmt? Das sind zehn Trilliarden Sterne, und zwar ohne die Planeten. Außerdem vermuten die Wissenschaftler, dass wenigstens hundert Millionen verschiedene Arten – und wir sind nur eine! – Erde, Wasser und Luft dieser smaragdfarbenen Sphäre bewohnen, die wir unsere Heimat nennen. In jeder Spalte, Ecke, Höhle und Ritze wimmelt es von Leben!

Hast du gewusst, dass es Mikroorganismen gibt, die in kochender Lava gedeihen? Hast du gewusst, dass die Wale vor der Ostküste Kanadas singend mit den Walen in der Karibik über eine Distanz von über dreitausend Kilometern kommunizieren? Hast du gewusst, dass die Küstenseeschwalbe jedes Jahr bei Winterbeginn in Sibirien aufbricht und dreizehntausend Kilometer zurücklegt, um in das wärmere Klima von Australien zu gelangen und dabei den überwiegenden Teil der Strecke *im Schlaf* zurücklegt? Und in unseren eigenen Vorgärten und Parks schlafen Raupen ein, nur um als Schmetterlinge zu erwachen! Ist das nicht faszinierend? Fragst du dich nicht, wie das alles zustande kommen konnte? Hast du dir schon einmal vorzustellen versucht, welcher Verstand diese Details ausgelotet haben könnte?

Ich beschäftigte mich für gewöhnlich mit diesen Fragen, wenn ich eine Pause beim Schreiben einlegte und für meinen Hund in unserem Hinterhof Kienäpfel warf. Manchmal geriet ich so sehr ins Grübeln, dass mir hinterher der Kopf weh tat. Und dann, eines Tages, wie von einem Blitz getroffen, hatte ich die Antwort, und in mir stellte sich ein absoluter Frieden ein. Nie wieder musste ich mich mit diesen Fragen herumschlagen. Und in den Tagen danach hielt ich meine Erkenntnisse aufgeregt folgendermaßen fest:

Gruß vom Universum

Ist das nicht großartig? Bringt es nicht deinen Verstand
zum Kochen? Die Harmonie, die Pracht, die Schönheit,
die Feinheiten, die Synchronizitäten und die
atemberaubende Vollkommenheit? Hast du dich
je gefragt, wie all dies entstehen konnte?
Meinst du, dass ich vorher Quarks, Atome und
Moleküle studiert habe? Dass ich vorher Schaltpläne für
die Sonne, den Mond und die Sterne oder Entwürfe für
den Otter, die Gila-Krustenechse und die Pinguine
gemacht habe? Oder dass ich jedes Zebra, jede Blume
und jeden Schmetterling eigenhändig angemalt habe?
Oder erscheint es dir gar möglich, ... dass ich mir das
Endergebnis einfach ausgedacht habe?
Mehr brauchst du gar nicht zu wissen!
Hurra!
Das Universum
PS: Ich konnte die Schule nicht ausstehen!

Die Zeile »Oder erscheint es dir gar möglich, ... dass ich mir das Endergebnis einfach ausgedacht habe?« enthält das größte Geheimnis der wundersamen Mechanismen der Manifestation: *Der ganze Prozess läuft in der umgekehrten Reihenfolge dessen ab, was unsere physischen Sinne uns weismachen wollen!*

Das Universum hat nicht erst ganz klein angefangen, um sich dann nach und nach immer Größerem zuzuwenden. Es hat sich nicht auf seine vier Buchstaben gesetzt und gedacht: »Oje, die Naturwissenschaften! Fast hätte ich sie vergessen! Wir brauchen ja Biologie, Chemie, Physik, Quantenphysik *und,* ach du mein Schreck, *Mathe.* Wir werden *eine Menge Mathe* für die Wirklichkeit brauchen!« Nein, das Universum wurde nicht auf einer Zeitachse zusammengesetzt. Auch wenn wir uns typischerweise jede Schöpfung so vorstellen – weil wir nämlich ausschließlich unsere physischen Sinne benutzen und weil wir in den Kategorien Anfang, Mitte und Ende denken. *Dabei vergessen wir vollkommen, dass Zeit eine Illusion ist.* Tatsächlich hat das Universum einfach mit dem Endergebnis angefangen: mit der atemberaubenden Schönheit, der unvorstellbaren Vollkommenheit und der unendlichen Unermesslichkeit. Und *in diesem Augenblick* rutschte alle Mathematik, alle Naturwissenschaft und alles andere, was erforderlich ist, um das Leben, wie wir es kennen, aufrechtzuerhalten, von selbst an Ort und Stelle. *In einem einzigen Augenblick!*

Dass alles genau in der umgekehrten Reihenfolge abläuft, als es uns durch unsere physischen Sinne gezeigt wird, ist das größte Geheimnis der wundersamen Mechanismen der Manifestation. Anders ausgedrückt, das vorgestellte Endergebnis *erzwingt die Mittel,* die die Manifestation bewirken. Oder in noch einfacheren Worten: Der Gedanke *erzwingt* die sich aus ihm ergebenden Umstände, die die neue Manifestation hervorbringen.

Der Anfangspunkt jeglicher Schöpfung und ganz gewiss jeder Veränderung, wie wir sie herbeiführen wollen, *ist das erwünschte Endergebnis.*

Jede Manifestation beruht auf drei Schritten

Die Voraussetzung für jede Manifestation sind genau drei Schritte, egal, ob es sich um eine Manifestation des Universums oder um deine oder meine Manifestation handelt. Für die ersten beiden Schritte sind wir verantwortlich. Um den dritten Schritt kümmert sich das Universum. Unser Teil ist der leichtere!

Erster Schritt: Lege fest, *welches Endergebnis* du wünschst.

Zweiter Schritt: Es ist unsere Aufgabe, uns in die Richtung unserer Wunscherfüllung zu bewegen. Indem du dich physisch bewegst, verstärkst du deinen Glauben an die unvermeidliche Manifestation deines Wunschtraums. Außerdem begibst du dich in die Position des Empfängers. Es kann keine »Unfälle«, Zufälle und glücklichen Fügungen geben, wenn wir nur mit unserem Wunschmandala auf dem Sofa sitzen und darauf warten, dass Thomas Gottschalk anruft!

»Müssen« ist ein abscheuliches Wort, doch wenn du Veränderung in deinem Leben willst, dann *musst* du dich in Richtung auf dein Ziel in Bewegung setzen. So einfach ist das. Du selbst musst nichts kapieren, nicht rechnen oder das Gewicht der Welt auf deine Schultern nehmen. Bemühe dich lediglich, physisch die Richtung hin zu deiner Wunscherfüllung einzuschlagen. Auf den nachfolgenden Seiten werde ich noch näher darauf eingehen, was damit gemeint ist. Sobald du den ersten und zweiten

Schritt getan hast, übernimmt das Universum für dich den dritten Schritt.

Dritter Schritt: Das Universum erschafft eine brandneue Manifestation in einem brandneuen *Jetzt.*

Das klingt ein wenig verquer, weil wir nicht erwarten, dass ein Prozess in einem brandneuen *Jetzt* zum Abschluss kommt. Für gewöhnlich meinen wir, dass die Reise *jetzt* beginnt und später zu Ende ist. Doch vermag sich das *Jetzt* auf zweierlei Arten zum Ausdruck zu bringen beziehungsweise kann es auf zweierlei Arten empfunden werden: als das *ätherische Jetzt,* das deine gedachten Gedanken enthält, und als das *physische Jetzt,* das aus der Welt besteht, wie sie dich umgibt. Der Anfangspunkt jeglicher physischen Veränderung liegt im Gedanken, und das ist auch der einzige »Ort«, an dem die **Macht des Jetzt** existiert.

Die Macht des Jetzt

Wenn du jetzt all die Illusionen betrachtest – also alle Dinge, definiert durch Zeit, Raum und Materie –, die dich gegenwärtig umgeben, sind sie nicht die Folgen deiner gestrigen Reisen und Endergebnisse? Wenn du dein Leben in physischer Hinsicht verändern willst, dann muss ein Gedanke mit einer Vorstellung von einem *neuen Endergebnis* am Anfang liegen, gefolgt von einer neuen Reise. Wenn du dich bisher weitgehend auf deine physischen Sinne gestützt hast, dann ist diese Herangehensweise für dich kein Selbstläufer. So erklärt es sich, warum es dir bisher so unsagbar schwergefallen ist, Veränderungen willentlich herbeizuführen.

Die meisten Menschen glauben, dass die *Macht des Jetzt* im *physischen* Augenblick liegt und von den gegenwärtigen Umständen oder der Welt, wie sie gegenwärtig ist, bedingt wird. Deshalb beginnen sie ihre Reise hier und jetzt *physisch*. Sie halten es für vollkommen natürlich, dass sie, wenn sie vom physischen Punkt A, ihrem Ausgangspunkt, zum physischen Punkt B, ihrer Wunscherfüllung, gelangen wollen, Einfluss auf alle Dinge, auf Zeit, Raum und Materie – die Illusionen – nehmen müssen, um erfolgreich zu sein. Außerdem glauben sie, mit Renate reden zu müssen, weil sie wiederum Barbara kennt, die die Einstellungsgespräche für den Job führt, den sie ergattern wollen. Sie meinen, dass sie sich zum richtigen Zeitpunkt an den richtigen Ort begeben müssen.

Leider jedoch ist diese Verfahrensweise nichts anderes als ein Herumstümpern mit den *verflixten Wies* (man macht sich Sorgen darüber, wie Träume und Wünsche wahr werden können, und will es erzwingen). Darüber habe ich mich in *Verändere dein Denken, dann hilft dir das Universum* bereits ausführlich geäußert.

Wir handeln so, weil wir dem Missverständnis anheimgefallen sind, dass unsere Macht im Jetzt der Illusionen liegt. Das angerichtete Durcheinander rechtfertigen wir dann mit den *Wies* und der Vorstellung, dass sich so, *eines Tages in der Zukunft,* unser Traum erfüllen wird. Doch wer sich vorstellt, dass sein Traum eines Tages in der Zukunft wahr wird, der erreicht diese Zukunft nie. Wie die Mohrrübe vor der Nase des Esels befindet sich auch unsere Traumerfüllung immer ein klein wenig jenseits unserer Reichweite. Viel besser ist es, sich das neue und gewünschte *Endergebnis* so vorzustellen, *als sei es bereits* Bestandteil des eigenen Lebens.

Dann wirkt deine Vision wie ein Magnet auf die Magie des Lebens, programmiert sie auf das von dir gewählte Endergebnis (erster Schritt des Prozesses) und holt automatisch die richtigen Menschen, die passenden Orte und günstigen Zeiten auf deinen Weg. Du musst lediglich physisch »da draußen« in der Welt zu erreichen sein (zweiter Schritt). Das Universum, der umfassendere Teil deiner selbst, übernimmt immer den schwierigsten Teil. Es klärt die *Wies* (und erzwingt sie für dich) und befasst sich also mit dem mehr oder weniger unberechenbaren Teil (dritter Schritt).

Deine Aufgabe ist es lediglich, deinen Wunsch nach Veränderung *mit Blick auf das Endergebnis* zu definieren. Und zwar so, als hättest du das Endergebnis bereits erreicht (und genau darum geht es beim Visualisieren, wie du weiter hinten im Buch noch merken wirst). Sodann setzt du dich in die allgemeine Richtung der Wunscherfüllung in Bewegung, öffnest auf dem Weg dorthin Türen und drehst Steine um.

Vor meinen eigenen Augen

Gestatte mir einen kleinen Exkurs. Ich möchte dich gerne an einem Ereignis in meinem Leben teilhaben lassen, bei dem ich am eigenen Leib erfahren konnte, wie sich die Mechanismen der Manifestation entfalten.

Eines Abends in Riad

Vor über zwanzig Jahren lebte ich in Riad, der Hauptstadt von Saudi-Arabien. Ich hatte einen Abend damit zugebracht, mit Freunden durch die Wüste zu reiten. Gegen neun Uhr abends verabschiedete ich mich und schlenderte zu meinem Auto, um die normalerweise dreißigminütige Heimfahrt über eine der städtischen Superschnellstraßen anzutreten, die zu diesem Zeitpunkt praktisch menschenleer waren. Nach ungefähr zwanzig Minuten – ich rollte in der Überzeugung, das einzige Auto zu sein, mit ungefähr achtzig Stundenkilometern dahin – nahm ich ein plötzliches Aufblitzen wahr. Ein anderes Fahrzeug war bei Rot über die Ampel gefahren. Ich hatte nicht einmal Zeit, auf die Bremse zu treten, bevor ich ihm in die Seite fuhr.

Die »unmögliche« Perfektion

Als ich da benommen, geschunden und verwirrt auf der Bordsteinkante saß, um auf eine ganze Kolonne aus Notarzt-, Polizei- und Sanitätsfahrzeugen zu warten, traf mich die Erkenntnis wie ein Schlag ins Gesicht. Mit einem Mal wurde mir die bewusstseinsverändernde *Manifestationsperfektion* bewusst, die ich soeben miterlebt hatte.

Zu diesem Zeitpunkt meines Lebens glaubte ich schon lange nicht mehr an »willkürliche« Ereignisse wie »Unfälle«, Zufälle und Fügungen. Doch das bedeutete, dass eine geradezu wahnwitzige Choreographie erforderlich gewesen war, um mich genau zum richtigen Zeitpunkt an den richtigen Ort für diesen »beabsichtigten« Zusammenstoß zu bugsieren.

Weil ich diese Thematik so unglaublich spannend finde, habe ich ein bisschen gerechnet und möchte dich nun an dem Ergebnis teilhaben lassen. Wenn man mit achtzig Stundenkilometern fährt, dann *fliegt* man förmlich mit fast fünfundzwanzig Metern *pro Sekunde* dahin. Stell dir das einmal vor. Außerdem musst du dir klarmachen, dass ich mit einem beweglichen Ziel zusammengestoßen bin, das ungefähr in der gleichen Geschwindigkeit quer zu mir unterwegs war. Das bedeutet, wenn ich an der Kreuzung nur eine Zehntelsekunde zu früh oder zu spät eingetroffen wäre, hätten sich die beiden Fahrzeuge *vollständig* verfehlt. Um eine Zehntelsekunde!

Wenn also *irgendetwas* geschehen wäre, das meine Fahrt beeinflusst und meine Ankunft um nur *eine Zehntelsekunde* verzögert oder beschleunigt hätte, dann wäre der Unfall nicht geschehen. Wenn ich nur ein klein wenig langsamer vom Pferd gestiegen wäre oder ein bisschen schneller zum Auto zurückgegangen wäre oder länger nach den Schlüsseln in meiner Tasche gesucht hätte oder eine Fliege ins Auto gelangt wäre und meine Abfahrt um *eine Zehntelsekunde* verzögert hätte oder wenn ich, sagen wir, lebhaftere Musik gehört und deshalb nur etwas schneller gefahren wäre, die beiden Autos hätten sich verpasst.

Und um noch ein paar weitere Rückschlüsse anzubringen: Wenn sich irgendetwas im Gesamtablauf des Tages anders entwickelt hätte – wenn ich mit Halsschmerzen aufgewacht wäre, wenn mein Wecker verspätet geklingelt hätte oder ich vergessen hätte, ihn zu stellen, dann wäre ich zu spät zur Arbeit gekommen und hätte länger bleiben müssen – und es wäre gar nicht zu dem Zusammenstoß gekommen. Wenn irgendetwas in der Woche anders gelaufen wäre, wenn ich zum Beispiel auf Dienstreise nach Dschidda oder Kairo oder Taif hätte fahren müssen und nicht rechtzeitig für den Ausritt am Abend zurück gewesen wäre, *dann hätten die beiden Autos einander verfehlt.* Und wenn irgendetwas in dem Monat oder Jahr anders gelaufen wäre … Kannst du es auch sehen? Diese Perfektion? Die unmögliche, *vollkommen unmögliche* Perfektion, eine solche Abfolge von Ereignissen zu choreographieren!

Die Erklärung

Diese Choreographie *ist* unmöglich, *wenn du die Wirklichkeit ausschließlich mit deinen physischen Sinnen interpretierst,* wenn du glaubst, es seien die Umstände, die weitere Umstände hervorbringen, statt zu begreifen, dass es unsere Gedanken sind, die die Umstände unseres Lebens erzwingen. Außerdem ist sie unmöglich, wenn du meinst, dass Zeit-Raum-Ereignisse auf einer Zeitachse entstehen. Die Perfektion an diesem Abend in Saudi-Arabien vor über zwanzig Jahren kam vollkommen *mühelos* zustande. Du musst nur hinter den Vorhang aus Zeit und Raum blicken und erkennen, dass das gesamte Ereignis vom Ende her erschaffen wurde, ohne illusorische Beschränkungen!

Nur wenn man vom Ende her anfängt, kann man ermitteln, wo ich mich auf eine Zehntelsekunde genau vor dem Aufprall befinden musste. Nur wenn man das Ereignis vom Ende her aufrollt und zurückverfolgt, kann man sich ausrechnen, wo ich viereinhalb Minuten vor dem Aufprall sein, mit welcher Geschwindigkeit ich fahren und in welcher Stimmung ich sein musste, welche Musik ich hören sollte und so fort, *ad infinitum.* Nur wenn man mit dem Ende beginnt und sich von dort zurückarbeitet, kann man mich überhaupt an diesem Abend beim Stall plazieren.

Wie im Film

Die Vorstellung, dass die Geschichte sich vom Ende her aufrollt, ist dir bestimmt schon aus Filmen bekannt. Werden Filme auf der Basis einer linearen Zeitachse gedreht? Niemals! Wie oft kommt es vor, dass der Schluss vor dem Anfang aufgenommen wird! Immer jedoch wird darauf geachtet, dass die Schlüsselszenen vor allem anderen im Kasten sind. Sobald dies geschehen ist, können die Filmemacher damit beginnen, ihr Werk zu schneiden, und über die Überleitungen zwischen den Ereignissen entscheiden, damit dem Cineasten die Filmgeschichte in der logischen Abfolge der Ereignisse mit einem nachvollziehbaren Anfang, Mittelteil und Ende vorgesetzt werden kann.

Ähnlich verhält es sich bei allen Manifestationen in Zeit und Raum. Die Einzelheiten werden im Unsichtbaren und jenseits der Zeitachse, auf der wir sie »später« erleben, ausgearbeitet, inszeniert und zusammengestellt. Wenn wir sie dann mit unseren physischen Sinnen erleben, wundern wir uns oft über all die »Unfälle«, Zufälle und Fügungen, die sich wie durch Magie ereignen. Zugegeben, manch ein Leser wird jetzt denken, dass ich mich auf sehr unsicheres Gelände begebe. Doch was ist die Alternative? Die Vorstellung, dass wir in einer unvorstellbar vollkommenen und bis ins kleinste Detail durchgeplanten Welt leben, in der zugleich irgendwelchen Menschen Zufälle zustoßen?

Zwar erleben wir die physische Welt auf einer linearen Zeitachse, doch auf ihr wird sie nicht errichtet. Sie entsteht in Reichen, zu denen wir keinen Zugang haben. Der Auslöser für die Ereignisse in der physischen Welt ist jedoch unser Nachdenken über neue Endergebnisse. Diese Endergebnisse, verbunden mit Schritten in die richtige Richtung, sorgen dafür, dass die Überleitungen *unumgänglich* sind – mit allen Einzelheiten, Mitspielern, Umständen und dem »Glück«, das erforderlich ist, um die Manifestation zustande zu bringen, die dein ursprüngliches Denken widerspiegelt. Und hier kommt der Clou: An jenem Abend in Riad, während der gesamten zwanzig Minuten, die dem Zusammenstoß vorausgingen, habe ich doch tatsächlich geglaubt, dass *ich* das Heft in der Hand halte!

Habe ich also unterstellt, dass wir über einige Aspekte unseres Lebens keine Kontrolle haben? Und habe ich etwa geglaubt, dass unser physisches Leben für uns zusammengestellt wird? Genau! Es betreten die Bühne: die *verflixten Wies! Verflixt* nur dann, wenn wir die Kontrolle über sie anstreben. Reine Magie, wenn wir uns der Logistik der Schöpfung überlassen.

Die *Wies* programmieren

Unsere Gehirne sind viel zu klein (nichts für ungut!), um all die unsichtbaren Unwägbarkeiten, die eine Manifestation zustande kommen lassen, unter Kontrolle zu halten. Doch über die *Wahl des Endergebnisses* haben wir die absolute Kontrolle. Mit anderen Worten, wir haben die vollständige Kontrolle über unsere Gedanken und darüber, worauf wir sie richten. Und genau das löst die Mechanismen der Manifestation aus, setzt die unsichtbaren Räder in Gang, bewirkt Drehbewegungen, Ausarbeitung und so fort und wirft schließlich eine neue Manifestation ab. Unser vorgestelltes Endergebnis beauftragt das Universum, sich die *Wies* zusammenzureimen. Solange wir ein *Endergebnis* vor Augen haben und uns *in eine allgemeine Richtung auf dieses Ziel zubewegen,* wird das ganze Universum zuverlässig und auf unser Geheiß in Bewegung gesetzt.

Es ist ungefähr so, wie wenn du eine DVD ausleihst oder kaufst. Du entscheidest, welche. Und du kannst deine Entscheidung jederzeit revidieren. Du bestimmst, welches Filmgenre, welche Qualität oder welche Schauspieler du sehen willst. Doch bei den Dialogen, den Drehungen und Wendungen des Plots haben wir kein Mitspracherecht. Zu dumm nur, dass es meist ausgerechnet der Plot ist, der viele Menschen am meisten interessiert! Auch in Raum und Zeit darfst du dir das Genre aussuchen, die Mitspieler und die allgemeine Beschaffenheit der Szene. Wie die Geschichte sich jedoch im Einzelnen zusammensetzt und wie die genaue Abfolge ist, sind wir unfähig zu erfassen. Wir können lediglich antanzen und die Sache erleben. Zwar haben wir im Hinblick auf die *Wies* nichts zu sagen, aber wir verfügen über die allwaltende Macht, über das Endergebnis zu entscheiden und damit die *Wies* für uns in Gang zu setzen.

Wir müssen unseren Wunsch »da draußen« plazieren und *daran aktiv festhalten* (indem wir uns in diese Richtung bewegen), auch wenn die physische Welt sich zunächst unbeeindruckt gibt. Dann erst können die gewünschten Veränderungen eintreten. Das Verstehen dieser Zusammenhänge wird in dir die Geduld und das Vertrauen wecken, die du brauchst, um die Reise (und das Warten) zu genießen und dem Universum die Gelegenheit zu geben, seinen Teil zu leisten, wie lang auch immer das dauern mag.

Warum ein Autounfall?

Die Fragen, die dir jetzt im Kopf herumschwirren, könnten lauten: »Oje, warum kam es denn zu einem Autounfall? War das dein vorgestelltes Endergebnis? Hast du daran gedacht oder dich damit beschäftigt?«

Die Ursache
Immer wenn sich dir etwas »Ungeplantes« überraschend in den Weg stellt, handelt es sich um eine Durchgangsstufe zu etwas, *woran du gedacht hast*. Das solltest du dir wirklich auf der Zunge zergehen lassen: Immer wenn sich dir etwas vermeintlich »Ungeplantes« überraschend in den Weg stellt, handelt es sich um eine Durchgangsstufe (oder ein *Wie*) zu etwas, woran du gedacht hast.

Im Zusammenhang mit meinem Autounfall gab es tatsächlich mehrere langfristige Endergebnisse, an die ich *gedacht* hatte und die vielleicht am einfachsten, makellosesten und wundersamsten durch dieses Ereignis realisiert werden konnten. Davon werde ich gleich berichten. Zunächst möchte ich jedoch klarstellen, dass auf unserer Reise keineswegs *alles* passieren kann. Wir sind nicht die Opfer von Schicksal oder Glück. Was immer uns auf dem Weg zustößt, passt zu und basiert auf *all unseren anderen* Gedanken.

Mir ist klar, dass ich gerade ausgerechnet einen Verkehrsunfall nutze, um dir die wundersamen Mechanismen der Manifestation vor Augen zu führen statt eine meiner anderen spannenderen Manifestationsgeschichten. Doch dafür habe ich gute Gründe.

Wenn du mein Buch *Verändere dein Denken, dann hilft dir das Universum* gelesen hast, dann erinnerst du dich sicher, dass ich von einer Collage berichtet habe, in der ich Bilder von fremden, exotischen Reisezielen, die ich irgendwann einmal besuchen wollte, zusammengestellt habe. Und dann erzähle ich, wie dieser junge, bescheidene Buchprüfer aus St. Petersburg in Florida (ich!) sich plötzlich im Regent Hotel in Kowloon wiederfand und durch ein zweistöckiges, verglastes Gebäude auf genau den Teil von Hongkong blickte, den ich als Foto in meine Collage geklebt hatte. Statt über den Autounfall hätte ich doch auch von dieser Geschichte berichten können.

Oder von all den anderen Beispielen, dem Schaffen von Wohlstand, dem Finden von erfüllender Arbeit, von internationalen Reisezielen, beglückenden Liebes- oder anderen Beziehungen. Doch *keine* dieser Geschichten hätte so beeindruckend wie der Verkehrsunfall gezeigt, mit welch hohem Anspruch das Universum in unsere Angelegenheiten eingreift.

Bei einem Verkehrsunfall kapiert man sofort, dass *eine Zehntelsekunde* über vermeintliches Glück und vermeintliches Unglück entscheidet. Und dann wird dir klar, dass es *keine einzige Zehntelsekunde* in deinem Leben gibt, in der das Universum nicht Einfluss nimmt auf die Mitspieler und die Umstände, mit denen du es infolge *deiner* Gedanken, *deiner* vorgestellten Endergebnisse und *deines* Handelns zu tun hast. Dieses Wissen gibt dir die Kraft und das Selbstvertrauen, endlich deine Manifestationsmuskeln einzusetzen, denn du weißt, dass du niemals allein bist.

Die Wirkung

Durch den besagten Verkehrsunfall erreichte ich, soweit mir bewusst ist, wenigstens zwei meiner vorgestellten Endergebnisse. Erstens war ich im Alter zwischen achtzehn und fünfundzwanzig, als sich dieser Unfall ereignete, von der lächerlichen Vorstellung beherrscht, dass ich auf der Suche nach Partys und coolen Leuten fast jeden Abend ausgehen müsse. Ich hatte immer Angst, etwas zu verpassen. Also blieb ich lange auf und war, wenn ich nach Hause kam, vollkommen erschöpft.

Wenn um sechs Uhr morgens mein Wecker klingelte, bereute ich es, dass ich am Abend davor ausgegangen war. Ich fragte mich: »Warum tue ich das? Es ist vollkommen sinnlos.« Aber am nächsten Abend ging ich wieder auf die Piste, weil ich Angst hatte, etwas zu verpassen. Nun, nach diesem Unfall, der für mich eine Nahtoderfahrung war, konnte ich endlich die beschriebene Tretmühle verlassen. Warum das so war, kann ich nicht erklären, auf einmal fiel es mir leicht, meinen Freunden zu sagen: »Nein, heute nicht.« Selbst die Wochenenden verbrachte ich gerne zu Hause. Ich war »kuriert«. Ich hatte mein Ziel, mein Endergebnis erreicht: Ich ging nicht mehr dauernd aus und hatte trotzdem nicht das Gefühl, etwas Tolles oder jemanden Coolen zu verpassen, bloß weil ich zu Hause blieb und mich ordentlich ausschlief. Ironischerweise saß in dem Fahrzeug, das die rote Ampel überfahren hatte, Prinz Adulaziz bin Abdulaziz bin Abdulaziz Al-Saud, einer der Ururenkel des Gründerkönigs von Saudi-Arabien! Was für eine tolle Art, zur Schickeria aufzuschließen! Haha, sehr lustig, Universum.

Und das andere Endergebnis, das ich durch den Unfall erreichte? Nun, ich habe nicht übertrieben, als ich erzählte, dass ich, als ich nach dem Unfall am Straßenrand saß, mich wie von einem Schlag ins Gesicht getroffen fühlte. Von einem Hammer der Erkenntnis. Ich hatte die soeben miterlebte bewusstseinsverändernde *Manifestationsperfektion* erkannt. Bis zu diesem Augenblick war ich mein ganzes Leben lang davon besessen gewesen, das Wesen unserer Wirklichkeit zu durchschauen, hatte unablässig über seine Mechanismen nachgegrübelt und mich danach gesehnt, das Mysterium zu ergründen und seine Geheimnisse zu entschlüsseln. Im Angesicht meines Unfalls und des darauf folgenden Gedankenstroms wurde mir die Erfüllung meines Wunsches gewährt. Es war mir wahrhaftig gestattet worden, hinter den Vorhang von Zeit und Raum zu blicken.

In diesem Moment dämmerte es mir, wenn es etwas wie einen Unfall nicht gibt, dann sind die logistischen Mechanismen, die Choreographie und Zusammenhänge, die notwendig sind, damit die beiden Fahrzeuge genau so aufeinandertreffen, wie sie es getan haben und ohne dass ich es rein physisch hätte kommen sehen können, dann ist dieses Zusammenspiel wirklich schwindelerregend.

Eine Frage an dich

Also entweder du glaubst nun an Zufälle, oder du tust es nicht. Und wenn du es nicht tust, was ich vermute, dann untersuche eine *beliebige* Manifestation in deinem Leben und frage dich: »Wenn dieses Ereignis kein Zufall war, welche Mechanismen und welche Logistik haben dann diese Manifestation zustande gebracht?«

Unweigerlich wirst auch du feststellen, dass eine Manifestation durch eine Reihe von Ereignissen ermöglicht wird, die *nur* im »Unsichtbaren« berechnet und zusammengesetzt worden sein können. Und wenn du diese Zusammenhänge zum ersten Mal durchschaust, dann wird dir eines klar: Wenn du Veränderungen in deinem Leben manifestieren willst, musst du immer das Endergebnis als deine Ausgangsbasis im Sinn haben und außerdem physisch vor Ort sein, um die unaufhörlichen Wunder des Lebens in Empfang nehmen zu können.

Das größte Geheimnis der wundersamen Mechanismen der Manifestation ist die Tatsache, dass die Vorstellung vom Endergebnis die logistischen und physischen Mittel erzwingt, um die Manifestation herbeizuführen. Unsere physischen Sinne interpretieren Ereignisse und Manifestationen genau andersherum. Doch die Wahrheit ist: *Gedanken erzwingen Umstände.* Damit es dir noch leichter fällt, diese Zusammenhänge zu begreifen, will ich nun auf ein paar praktische Beispiele eingehen.

Wie kriegen die das bloß hin?

Der Sportler

Zunächst wollen wir uns mit dem *Golfspieler* Tiger Woods befassen. Ihm gelingt das »Unmögliche«. Ich erinnere mich, dass ich ihn während eines Golfturniers auf Kauai/Hawaii im Fernsehen sah. Er und seine Konkurrenten hatten gerade den Ball von der Küstenlinie fort über das Wasser auf eine winzige Insel geschlagen, auf der sich Grün, Loch und Flagge befanden. An diesem Tag war der Wind auf Kauai so stark, dass die Zuschauer vor den Fernsehgeräten zu Hause kaum etwas anderes als das Knistern der Mikrophone und das Flattern der Hosenbeine hörten.

Tiger Woods' Golfball lag ungefähr zwölf Meter entfernt vom Loch – eine große Entfernung auch für Mr. Superhuman. Doch der Golfer stellte sich auf, wie er es immer tut, und schlug ab. Trotz des hohen Lärmpegels konnte man im Fernsehen mitbekommen, wie den wenigen Zuschauern vor Ort der Atem stockte, weil der Ball ungefähr fünf Meter am Ziel vorbeizufliegen drohte. Es war ein *furchtbarer* Abschlag – bis der Ball auf die erste, fast unsichtbare Erhebung rollte und die eingeschlagene Richtung korrigierte. Dann stöhnte das Publikum erneut auf, weil der Ball nun nach der anderen Seite hin von der direkten Linie zum Loch abwich – ein *wirklich furchtbarer* Abschlag! –, bis er eine kleine, fast unsichtbare Erhebung erreichte. Nun war aller Welt klar, dass es sich wieder einmal um einen typischen Tiger-Woods-Schlag handelte. Der Wind blies wie verrückt, der Ball war einen Meter vom Loch entfernt und wurde langsamer … fünfzig Zentimeter, er wurde noch langsamer … zwei Zentimeter vor dem Loch, und er kam zum Stillstand. Ich war wie gebannt, und die Leute auf dem Rasen jubelten. Und dann, ganz plötzlich, blies der Wind den Ball ins Loch!

Das ist *unmögliches* Golf! *Das kann niemand!* Der menschliche Körper, nichts als Fleisch und Knochen, kann mit seinem kleinen Gehirn keine Berechnungen anstellen, damit ein solcher Schlag unter derart böigen, unvorhersagbaren Bedingungen gelingt. Doch Tiger Woods bringt ähnliche Schläge in jedem Turnier an, Monat für Monat, Jahr für Jahr. Warum? Weil Tiger Woods ein Endergebnis im Kopf hat: *»Ich bin ein Weltklasseprofi. Ich bin der Beste. Ich bin die Nummer eins.«* Und dieses Endergebnis setzt die Prinzipien des Universums in Gang, die sich von der Vision aus zurückarbeiten und dafür sorgen, dass er zur rechten Zeit am rechten Ort ist. Er meint, seine Turniere auszuwählen, aber ich bin anderer Meinung. Das Universum gibt den Beifahrer. Seine Prinzipien haben einen autoritären detailorientierten Führungsstil. Sie sorgen dafür, dass Tiger Woods auf die richtigen Turniere geht, den richtigen Club wählt, den richtigen Trainer, die richtigen Caddys, und kümmern sich um all die anderen zahllosen Variablen.

Das Universum und seine Prinzipien stehen Tiger Woods jede Sekunde eines jeden Tages zur Verfügung – und dir genauso. Sie erzwingen die richtigen Umstände, die Offenbarungen, die guten, schlechten und furchtbaren Menschen, die erforderlich sind, damit die Manifestation, die du in Zeit und Raum erlebst, genau das widerspiegelt, was du dir vorgestellt und worauf du dich zubewegt hast.

Das Universum arbeitet rückwärts. Es beginnt mit dem Ball, der im Loch landet. Das Universum weiß, aus welcher Richtung der Wind wehen wird, auch wenn er uns auf unserer linearen Zeitachse böig und unberechenbar erscheint. Das Universum marschiert im Rückwärtsgang und bedenkt jedes Detail – sogar die Wuchsrichtung des Grases auf dem Grün, das sich am Tag und im Augenblick des Abschlags zur

Sonne hinneigt. Das Universum zieht in Betracht, wie groß der Schwung sein muss, wie schwer der Schläger, wie viel Kraft erforderlich ist und in welchem Winkel der Schläger den Ball berühren muss, damit der Ball die gewünschte Flugbahn nimmt. Das Universum tut tatsächlich das Unmögliche – *wenn* es uns gelingt, an unserem Endergebnis festzuhalten und uns in dessen Richtung zu bewegen, auch wenn es uns oft so scheint, als bewirkten wir damit gar nichts.

Tiger Woods bewegt sich in die Richtung seines Endergebnisses, indem er Golf spielt und tut, was andere professionelle Golfspieler auch tun, und dann füllt das Universum seine Segel mit Inspiration und schlauen Ideen zur Verbesserung seines Spiels und zum leichteren Erreichen seines Endziels. Das Universum arbeitet rückwärts und kommt dir weit mehr als nur die halbe Strecke entgegen!

Der Verkäufer

Wie kommt es, dass in den meisten Verkaufsbüros immer die ein oder zwei gleichen Teams bei den Verkaufsabschlüssen führend sind? Egal, welches Büro, welche Firma oder in welchem Land, es sind meist die gleichen Personen, die Monat für Monat und Jahr für Jahr am erfolgreichsten sind. Sie sehen weder besser aus als die anderen, noch sind sie beliebter, und doch befinden sie sich irgendwie immer zum rechten Zeitpunkt am rechten Ort.

Erfolg, in welchem Lebensbereich auch immer, hat nichts mit prächtigem Aussehen oder Beliebtheit zu tun. Gute Verkäufer und andere Erfolgsmenschen haben ein Endergebnis vor Augen, das sie voranbringt. Vielleicht stellen sie sich vor, dass sie beim Abschluss die Nase vorn haben, oder vielleicht blicken sie auch noch weiter voraus. Vielleicht sehen sie sich, wie sie ein glänzendes Leben im Reichtum und Überfluss führen, und das Universum weiß *augenblicklich,* wie es sie zu diesem Endergebnis hinbugsieren kann.

Das Universum sagt praktisch: »*Ich weiß, wie das geht! Schließlich bist du Verkäufer!*« Und ab sofort wird die Person immer im richtigen Augenblick den Telefonhörer in die Hand nehmen, ob zur Kaltakquise oder um einen Anruf aus der Schweiz entgegenzunehmen, der den Jahresumsatz sprengt. Dieser Verkäufer kann auch dann ans Telefon gehen, wenn er gerade einen Hamburger isst und Bob Marley hört. Die richtige Kontaktperson wird zur richtigen Zeit vor Ort sein, und er wird die richtigen Worte wählen und den Abschluss tätigen. Er gewinnt Selbstvertrauen, und seine Überzeugungen werden gestärkt. Infolgedessen wird die Akquise für ihn mit jeder Wiederholung leichter. Solange wir uns am Endergebnis orientieren und es getreulich verfolgen, inszeniert das Universum die Details fehlerlos, weit jenseits unseres Begriffsvermögens. Für einen Verkäufer bedeutet das Dranbleiben an seinem vorgestellten Endergebnis lediglich, dass er bei der Arbeit erscheint und das tut, was seine Kollegen auch tun. Sobald er die genannten Mechanismen durchschaut (und selbst wenn er es nicht tut und sie mehr zufällig vor seinen Karren spannt), erledigen sich die schwierigen Einzelheiten praktisch von selbst! Wenn er weiß, was er tut, kann er sich entspannen, die Reise genießen, den Tanz des Lebens tanzen und dabei Kaltakquise betreiben, Netzwerkarbeit und Ähnliches tun, mit anderen Worten, seinen Anteil leisten, *während das Universum den seinen übernimmt.*

Die Schriftstellerin

Wie kann es J. K. Rowling oder einem beliebigen anderen Bestsellerautor nur gelingen, ein packendes Buch nach dem anderen zu schreiben? Weil diese Menschen ein Endergebnis vor Augen haben, das besagt: »Ich bin ein Weltklassegeschichtenerzähler, ich schreibe Bestseller.« Und während sie sich dem normalen Trott eines Schriftstellerlebens hingeben, Geschichten in ihren Computer tippen, den Kontakt zu Agenten pflegen und vielleicht die eine oder andere Buchmesse besuchen, *wird ihnen alles Übrige serviert.*

Ich mag dieses Beispiel, weil es zeigt, dass nicht nur die Mitspieler und die Umstände auf unserem Weg neu angeordnet werden, sobald wir ein neues Endergebnis verfolgen. Für J. K. Rowling kümmert sich das Universum nicht nur um die Verleger und die Leser in aller Gründlichkeit. Es *erfüllt* die Autorin auch mit dem erforderlichen Grad von Inspiration und Kreativität, damit sie den hohen Anforderungen gerecht werden kann. Kreativität und gute Ideen *werden uns gegeben,* wenn sie erforderlich sind, damit wir das Endergebnis, das wir uns vorstellen und das wir verfolgen, auch erreichen. Was meinst du denn, woher deine guten Ideen kommen? Du hattest noch nie eine einzige gute Idee, die du nicht vorher herbeigerufen hast, um mit ihrer Hilfe ein Endergebnis zu erreichen, mit dem du dich bereits in Gedanken beschäftigt hattest.

Wenn du das begreifst, dann kannst du die nächste große Erfindung, die nächste großartige Geschichte, die nächste ausgezeichnete Geschäftsidee, das nächste innovative Unterrichtsmodell, die nächste revolutionäre Erziehungsmethode, oder was immer dein »Metier« verlangt, herbeirufen. Wenn du ein Endergebnis im Kopf hast, das ohne eine geniale Idee nicht verwirklicht werden kann, dann erhältst du diese sozusagen gratis auf einem Silbertablett, während du – physisch – deinem Endergebnis zustrebst.

Im Übrigen bekommen wir, wenn wir ein neues Endergebnis verfolgen, nicht nur so gute Dinge wie Kreativität, Inspiration und Motivation. Wer glaubt und behauptet (und damit sein Endergebnis postuliert), dass das Leben schwer ist und die Menschen schlecht sind, dass er dick wird, sobald er Essen nur sieht – nun, das Universum vermag auch dies zu bewerkstelligen. Was du denkst und zum Ausdruck bringst, zieht nicht nur die entsprechenden Mitspieler und Umstände an, sondern auch bestimmte Gefühle, die die Manifestation noch beschleunigen. Wenn deine Endergebnisse und die mit ihnen zusammenhängenden Gedanken, ob nun beabsichtigt oder nicht, dir nicht dienen, dann werden sich Hilflosigkeit oder sogar Depressionen einstellen. Wir rufen diese Denkart durch unseren Ausblick auf unser Leben hervor, und unser Ausblick auf unser Leben ist nicht mehr oder weniger als unsere selbstgewählten Endergebnisse oder unsere Gedanken.

Die gute Neuigkeit lautet, dass du dein Schiff im Handumdrehen wenden kannst. Das zeigt uns schon die Geschichte vom verlorenen Sohn in der Bibel. Sobald du die Wahrheit erkennst, wirst du wieder aufgenommen in den metaphorischen Schoß der Familie, und das Leben arbeitet hinfort *für* dich statt gegen dich. Fang einfach an, dich mit einem neuen Endergebnis zu befassen. Sage und denke die Dinge, die dir dienen, wie etwa: »Mein Leben ist leicht! Ich liebe mein Leben! Ich habe so viel Freizeit zur Verfügung!« Erzeuge die gewünschte Wirklichkeit zuerst in deinem Kopf.

Der Industriemagnat

Wie kommt es, dass die Reichen immer reicher werden? Zunächst sei gesagt, dass es entgegen der allgemein verbreiteten Auffassung keinerlei Verbindung zwischen Intelligenz und der Anhäufung von Reichtum gibt – überhaupt keine, *Punkt.* Sieh dir doch die Leute an, die im Reichtum schwimmen! Die Reichen werden reicher, weil sie entweder den Mut haben oder die Dreistigkeit oder die Brillanz oder vielleicht sogar die Naivität, sich an das Endergebnis zu halten, das besagt: »Ich bin der Richtige für Reichtum. Ich sehe mich, wie ich im Geld schwimme!« Dann machen sie den allerwichtigsten Schritt und bewegen sich in diese Richtung, indem sie vielleicht mögliche Investitionen recherchieren, mit Leuten sprechen, die sie auf die richtigen Gedanken bringen, und ihre Netzwerke pflegen. Was sie auch tun, solange sie *beständig* ihren Traum vom Überfluss verfolgen (darunter berufliche Möglichkeiten, die vielleicht eine Rolle spielen könnten) und ihre Vision vor Augen haben, *muss* ihr Traum schließlich wahr werden. Sie können den Erfolg gar nicht aufhalten, so mächtig sind die universellen Prinzipien.

Die Geldnuss knacken, abnehmen und fotogen sein

Natürlich funktioniert die Sache auch umgekehrt. Gelegentlich kommen Leute zu mir und sagen: »›Gedanken werden Dinge‹ kriege ich hin. Ich liebe mein Leben. Ich liebe meine Frau. Ich war schon immer ein positiv eingestellter Mensch. Aber, Mike, die Geldnuss kriege ich einfach nicht geknackt.« O nein! Erwarte nicht, *jemals* die Geldnuss zu knacken, indem du sagst, du kriegst die Geldnuss nicht geknackt! Deine Worte sind die Manifestation deiner Gedanken. Deine

Worte offenbaren dein wahres Endergebnis. Und wenn du umherläufst und mir oder anderen erklärst, dass alles großartig ist bis auf die Sache mit der Geldnuss, die du nicht geknackt kriegst, dann wirst du sie niemals knacken!

Wie steht es mit den Leuten, die abnehmen wollen, es aber einfach nicht schaffen? *Genau!* Sie haben vollkommen recht, denn das gleiche universelle Prinzip, dem die Sterne ihren Aufenthalt im Himmel verdanken, wird dafür sorgen, dass sich ihre Gedanken und Worte bewahrheiten. Es wird alles daransetzen, dass sie zum falschen Zeitpunkt am falschen Ort sind. Es wird sie für die falschen Nahrungsmittel anfällig machen und ihr Selbstvertrauen untergraben, wird dafür sorgen, dass sie sich machtlos fühlen, und sie in einer Wirklichkeit festhalten, in der Abnehmen unmöglich *ist.*

Aber auch diese Medaille hat eine Kehrseite. Du kannst dein Schiff sofort wenden, indem du einfach neue Dinge sagst – Dinge, die dir dienen –, wie zum Beispiel: »Ich bin umgeben von Wohlstand und Fülle!« Oder: »Alles, was ich anfasse, verwandelt sich in Gold!« Welchen Bereich deines Lebens du auch erneuern willst, sprich so, *als sei es bereits geschehen:* »Die Pfunde schmelzen nur so dahin! Noch nie ist es mir so leichtgefallen abzunehmen!«

Und vergiss auch diesen Satz nicht: »Hach, ich bin so fotogen! Von mir gibt es kein hässliches Foto!« Probier's aus, es funktioniert. Dieses Beispiel beruht auf persönlicher Erfahrung. Ich war früher einer von denen, die gerufen haben: »Weg mit der Kamera. Ich will nicht fotografiert werden. Ich kann die Fotos von mir nicht ausstehen!« Bis ich eines Tages, es mag sich verrückt anhören, auf den Gedanken kam, genau das Gegenteil zu behaupten, und, du glaubst es nicht, es hat funktioniert! Ich gefalle mir auf meinen Fotos jetzt immer hervorragend.

Du musst unbedingt solche Aussagen treffen, auch wenn sie anfangs nicht wahr sein mögen. Ja, *äußere solche Dinge ins-*

besondere dann, wenn sie nicht wahr sind! Deshalb sagst du sie ja! Mach dir nichts draus, wenn dir das komisch vorkommt. Natürlich tut es das, vor allem im Vergleich dazu, wie du bisher Veränderungen in deinem Leben herbeigeführt hast – auf die altmodische Weise, indem du dich auf das konzentriert hast, was du nicht magst und was nicht funktioniert. Und wie erfolgreich warst du damit?

Jeder, der zwanzig Millionen Euro auf dem Konto hat, darf von sich behaupten, dass sich alles, was er berührt, in Gold verwandelt. Man muss aber schon ein spiritueller Meister oder ein erleuchtetes Genie sein, um solche Aussagen zu treffen und nach ihnen zu leben oder wenigstens so zu tun als ob, wenn man bei der Bank mit sechzigtausend Euro in der Kreide steht oder einen leeren Bauch hat. Doch wenn man die Mechanismen der Manifestation *kapiert,* hat man es leichter. Denn wenigstens weiß man, dass man sich mit den *verflixten Wies* nicht abgeben muss, dass man bereits Wunder bewirkt, seit man krabbeln kann, und dass es das Universum gibt, das sich um die schwierigen Bereiche der Manifestation kümmert.

Der Trick ist Verstehen

Es geht ums Kapieren. Verstehen ist ein Lebenselixier. Wer begreift, wie das Leben funktioniert, befindet sich in einer Machtposition. Mit unbeantworteten Fragen und Teilnahmslosigkeit verschenkst du deine Handlungsgewalt; sie verebbt. Du wirst ohnmächtig und unfähig, gewünschte Veränderungen herbeizuführen, einfach weil du in Frage stellst, ob du es als Mensch auch wert bist, deine Wünsche erfüllt zu bekommen. Weil du dich fragst, ob du dich auch genug angestrengt hast, ob du vielleicht einfach mehr Glück brauchst, ob du dieses Leben möglicherweise gewählt hast, um Erfahrungen mit der Armut zu sammeln (das hat tatsächlich schon einmal jemand behauptet), oder ob dich irgendein anderes Unglück in den Krallen hat.

Keiner ist hier, um Erfahrungen mit der Armut zu machen. Keiner ist hier, um krank zu sein. Keiner ist hier, um einsam zu sein. Dein Leben muss nicht zwangsläufig dort enden, wo es begonnen hat. Es sei denn, du willst es so. Du bist hier, um zu wachsen. Natürlich stellst du dich auch Herausforderungen, doch unter der Bedingung, dass du jede von ihnen meistern kannst. Und am besten und schnellsten lassen sie sich meistern, indem wir die Wahrheit verstehen.

Die Wahrheit, an der ich dich jetzt teilhaben lassen will, lautet, dass Veränderung gelingt, *wenn man von Anfang an das Endergebnis vor Augen hat.* An diesem vorgestellten Endergebnis musst du festhalten, und du musst es physisch verfolgen, insbesondere dann, wenn deine äußeren Umstände das genaue Gegenteil sind.

Du schaffst das!

Deine »Hausaufgabe« ist es, Dinge, die dir dienen, so zu sagen, als träfen sie bereits zu. Mit anderen Worten, du wirst hinfort insbesondere dann Aussagen treffen, die dir dienen, wenn sie *nicht* zutreffen. Du wirst Sachen sagen, die deinen Zeitgenossen verrückt vorkommen würden, also lass sie nicht teilhaben. Mach deine Aussagen vor dir selbst, vor deinem Spiegelbild oder während du still und alleine im Auto sitzt. Sag sie laut, empfinde sie in deinem Inneren und glaube sie dir. Und gründe außerdem dein Verhalten nach und nach spielerisch auf deiner Vision. Tu so als ob. Nichts einfacher als das.

Bitte nutze den nachfolgenden Vorschlag als Eisbrecher für weitere Listen nach deiner eigenen Vorstellung. Überlege, was du in deinem Leben verändern möchtest und wie du das tun willst. Dabei lieferst du dir selbst schon die Stichwörter dafür, was in deinem Leben wahr sein wird – so, als sei es bereits wahr.

Formuliere Sätze, die zum Ausdruck bringen, dass du bereits die Person bist, die du schon immer sein wolltest; bereits die Liebe erhältst, nach der du dich schon immer gesehnt hast; bereits die Dinge tust, die du schon immer tun wolltest; bereits die Freunde hast, die du dir immer gewünscht hast; bereits die Reisen machst, die du dir schon immer erträumt hast. Und zwar, indem du die Sätze folgendermaßen beginnst: Mein ideales Leben *jetzt* sieht so aus …

KAPITEL 3
Probier das *unbedingt* bei dir aus!

In meinem Überblick über die Mechanismen der Manifestation sind wir nun von der Theorie bis zu den praktischen Beispielen vorgedrungen. Doch weil all dies so unendlich wichtig ist, wenn es darum geht, im eigenen Leben willentlich Veränderungen herbeizuführen, möchte ich hier noch eine Analogie anführen, die ich für geradezu vollkommen halte. Dadurch wirst du die Dinge noch besser verstehen.

Ich vermute, du kennst die Routenplaner im Internet. Auf diesen Webseiten kann man Anfahrtsbeschreibungen zu einer gewünschten Adresse erstellen lassen. Als Erstes nennt man die physische Adresse des Ausgangspunktes, an dem man mit seiner Reise beginnt. Als Zweites gibt man das Ziel – *das Endergebnis!* – ein. Und in dem Augenblick, in dem das Programm dein Ziel kennt, ermittelt es jede Strecke, auf der du die Reise zurücklegen könntest. Dabei werden Vorfahrtsstraßen, Fahrbahnverengungen, Geschwindigkeitsbegrenzungen und Ampelanlagen berücksichtigt – einfach *alles*. Im Nu wird einem der kürzeste, schnellste und angenehmste Weg zum Ziel geliefert. Der Routenplaner berechnet die *Wies* also in Sekundenschnelle. Nicht anders tut es das Universum, sobald du ihm ein neues Endergebnis vorgibst. Es kennt sofort die gesamte Abfolge von Ereignissen, die erforderlich ist, um dich von deiner gegenwärtigen Position zur Manifestation deines Endergebnisses zu befördern. Und diese Abfolge wird sich ganz von selbst abspulen, sobald du dich in diese Richtung in Bewegung setzt.

Inzwischen kann man digitale Navigationsgeräte, die GPS-

Satellitensignale auswerten, kaufen oder im Fahrzeug einbauen lassen. Die Eingabe des Ausgangspunktes ist nun gar nicht mehr erforderlich, denn das System weiß bereits jederzeit – ähnlich wie das Universum –, wo du dich gerade aufhältst. Der Prozess beginnt, wenn du dein gewünschtes Ziel oder Endergebnis nennst. Dorthin führt dich das System auf der bestmöglichen Route und gibt dir über die Lautsprecher in deinem Fahrzeug Anweisungen, wann und wo du abbiegen musst.

Die eigenen Wunder manifestieren

Lass uns noch einmal wiederholen, wie wir unsere eigenen Wunder manifestieren, indem wir unsere Kenntnisse von den Mechanismen der Manifestation mit der Funktionsweise eines digitalen Satellitennavigationssystems vergleichen.

1. Wähle ein eindeutiges Endergebnis.
Um Veränderungen in deinem Leben zu manifestieren, ist zuallererst ein eindeutiges Endergebnis entscheidend. So wunderbar das Universum als Routenplaner auch funktioniert, es kann dich nur leiten, wenn du ihm dein Ziel nennst. Außerdem musst du ihm akkurat mitteilen, wohin genau du willst, und dich dabei so eindeutig wie möglich ausdrücken. Wenn du dich bei der Postleitzahl auch nur bei einer Ziffer vertust, dann landest du möglicherweise am falschen Zielort. Gibst du den ersten statt des zweiten Stocks an, dann landest du vielleicht mitten in der Nacht in Brunos statt in Beates Wohnung. Eindeutigkeit, insbesondere wenn es um die Manifestation von Veränderung geht, ist im Leben unerlässlich. In den nachfolgenden Kapiteln werde

ich darauf näher eingehen und außerdem denjenigen helfen, die noch nicht sicher sind, was sie eigentlich wollen. Indem du bewusst dein gewünschtes Endergebnis benennst, bringst du zum Ausdruck, wie wichtig es ist, *deine Vorlieben* zu würdigen und Träume zu haben – ob sie nun materieller Art sind (wogegen überhaupt nichts einzuwenden ist) oder nicht, denn es gibt schließlich keinen Grund, warum man nicht beides haben sollte. Du brauchst ja einen Ansporn, um jeden Morgen aus dem Bett aufzustehen, und eine Richtung, in die du streben kannst, auch wenn unsere altmodische Gesellschaft uns weismachen will, dass wir egoistisch sind, wenn wir eigene Bedürfnisse und Wünsche anmelden. Um die Wahrheit zu sagen, es sind genau unsere Bedürfnisse und Wünsche, die unsere Pilgerreise durch Raum und Zeit ermöglichen und mit Sinn erfüllen – die es zum Beispiel einem Bill Gates, einem Bono oder einer Hillary Clinton ermöglichen, die dunklen Wege anderer sichtbar zu machen, indem sie genau die Zielsetzungen verfolgen, die sie sich vorgenommen haben. Und niemand weiß besser, was dein Herz bewegt oder dich wachrüttelt, als du selbst. *Der erste Schritt bei der Verwirklichung der eigenen Träume ist es, sie zu haben.*

Gruß vom Universum

Roger. Ich habe deine Mitteilung empfangen.
Du findest immer Gehör, jeder einzelne Gedanke
kommt bei uns an. Und deshalb werden gerade alle
Atome im Kosmos neu programmiert und alle Engel
zusammengerufen und große Räder in Bewegung gesetzt.
Wir hoffen nur, dass du dir mit uns keinen Scherz
erlaubst.
Halali,
das Universum

Spaßbieten ist beim Universum nicht angesagt. Du stehst unablässig unter Beobachtung. Die Prinzipien des Universums setzen niemals aus. Und wenn es darum geht, deine Endergebnisse zu wählen und dein Leben nach deinen Vorstellungen zu formen, setzt du selbst die Schwerpunkte und entscheidest über deine Vorlieben.

2. Bewege dich auf deine Traumerfüllung zu.

Du musst (schon wieder das scheußliche Wort, aber du *musst* wirklich) dich physisch in ungefährer Richtung auf die Erfüllung deines Traumes zubewegen, wenn du willst, dass er sich erfüllt. Zu mir kommen mehr Menschen, als du ahnst, die sagen: »Mike, ich habe den Film *The Secret* zweiundachtzig Mal gesehen, wann endlich geht es in meinem Leben mit den Veränderungen los?« Leider wird sich dein Leben überhaupt nicht ändern, wenn du sonst nichts tust. Dein Leben ist darauf angewiesen, dass du dich bewegst, dass du handelst, dass du dich in Reichweite der Magie des Universums aufhältst und eine Position des Empfangens einnimmst.

Es reicht nicht, wenn du dich in deine elegante Luxuslimousine setzt und dein Endergebnis in das Navigationssystem eintippst. Nicht einmal ein »Ich *liebe* dich, Baby; ich *glaube* an dich, Baby; ich setze *Vertrauen* in dich, Baby« hilft hier weiter. Auch wenn du deinen Dankbarkeitsstein fortgesetzt reibst, dich unablässig bedankst und deine Umgebung in Dankbarkeit erträgst – das führt zu nichts. Wenn du nicht mehr tust, dann setzt sich dein Wagen gar nicht erst in Bewegung! In dem Fall ist dein Navigationsgerät nicht mehr wert als Elektronikschrott. Jedenfalls so lange nicht, *bis du den Gang einlegst und dich physisch in Bewegung setzt!* Den Gang nicht einzulegen, sagt dem System: »Noch nicht! Ich bin noch nicht bereit! Ich muss mich erst noch entscheiden!« Und ob es das nun war, was du hast sagen wollen oder nicht (oder ob es sich nur um ein Missverständnis handelt, weil du erst auf ein »Zeichen« wartest, dass du auf dem richtigen Weg zu Reichtum oder zur großen Liebe bist) – du hast deine Handlungsgewalt abgegeben.

Du musst nicht einmal genau in die richtige Richtung gehen, denn dein Assistenzsystem ist dazu in der Lage, dir Korrekturen vorzuschlagen wie etwa: »Wenn möglich, wenden!« Im wahren Leben kannst du, sobald du dich erst einmal in Bewegung gesetzt hast, mit Inspiration erfüllt werden. Oder dir wird ein neuer bester Freund geschickt. Oder dir wird auf andere Weise das gegeben, was du brauchst, um den richtigen Weg einzuschlagen.

Aktion ist alles. Warum? Erstens weckt sie Erwartungen, die wiederum deinen Glauben an deinen unvermeidlichen Erfolg erhöhen. Und zweitens, ich sagte es bereits, stellt sie dich hinaus in die Welt, wo du die sogenannten »Unfälle«, Zufälle und glücklichen Fügungen des Lebens erleben kannst. Weder das eine noch das andere kann sich zutragen, wenn sich dein Leben in der Parkposition befindet.

Gruß vom Universum

Ich bin so aufgeregt! Alles ist vorbereitet!
Ich habe dafür gesorgt, dass die richtigen Mitspieler
zum richtigen Zeitpunkt in Erscheinung treten – hohe
Tiere, gewöhnliche Menschen und sogar echte Engel. Du
kannst dir gar nicht vorstellen, wo und mit wem du in
Kürze ein Schwätzchen halten wirst. Ich habe die
erforderlichen Telefonate, den E-Mail-Austausch und
die zufälligen Begegnungen arrangiert, damit genau im
richtigen Augenblick Wellen von liebevoller Energie und
inspirierenden Gedanken zu dir kommen. Ich habe bis
auf die milliardste Stelle hinter dem Komma genau die
ausschlaggebenden Zufälle, die glücklichen Fügungen

und das Kupplungsspiel berechnet, die dich in bisher
unvorstellbare Höhen führen werden. Ich hab mich
sogar schon um das »bis ans Ende aller Tage«
gekümmert!
Und wie entwickeln sich die Dinge bei dir?
Ist das Leben nicht großartig?
Das Universum
PS: Stimmt. Du hast ein »Ende«. Das ist die
einfachste Variante. Such dir lieber ein Ziel aus und
setz dich physisch in die ungefähre Richtung in
Bewegung.

Erst wenn du den Gang einlegst, weiß dein Navigationssystem, dass du bereit für die Reise bist. Und nur wenn du
zur Tat schreitest, sieht das Universum – dein höheres
Selbst – wirklich, dass du bereit für Veränderungen bist.

3. Bedenke, die Wunder des Fortschritts sind meist unsichtbar.
Stell dir vor, du hast in einer Partnerbörse im Internet oder
auf einer beruflichen Veranstaltung gerade eine Bekanntschaft gemacht. Dieser Mann lädt dich nun zu sich nach
Hause ein – eine zweistündige Fahrt von dir bis in einen
Ort, in dem du noch nie zuvor warst. An dem Tag, an dem
du deinen Besuch machen willst, tippst du in deinem Navigationssystem das Ziel ein *und* setzt dann den Wagen in
Gang. An welchem Punkt deiner Reise kannst du dir sicher
sein, dass dein Navigationssystem dich auf wundersame
Weise und richtig geführt hat? Genau! Erst bei der Ankunft
oder in den allerletzten Sekunden. Während der zweistündi-
gen Fahrt bist du mal links und mal rechts abgebogen. *Alles*
war dir unbekannt, und trotzdem hast du deinen Weg im gu-
ten Glauben fortgesetzt.

Es ist nicht so, dass dir im Laufe der Reise die Umgebung immer vertrauter wird, je mehr du dich deinem Ziel näherst – auch nicht durch die genauen Richtungsangaben. Selbst eine Minute vor deiner Ankunft kann dich deine Sinneswahrnehmung zu dem Schluss führen: »Oje, es funktioniert nicht!«, und es könnte die Idee auftauchen, lieber doch umzukehren und wieder heimzufahren!

Mit jedem einzelnen Tag kommst du der Erfüllung deiner Träume näher – und genau das muss deine Grundannahme sein. *Nur weil dein Vorankommen für deine Augen unsichtbar ist, heißt das nicht, dass du an Ort und Stelle verharrst.* Sobald du dein gewünschtes Endergebnis kennst und dich in diese Richtung in Gang setzt, beginnt sich das gigantische Rad hinter dem Vorhang von Zeit und Raum zu drehen. *So ist es immer.* Ziehe nicht die falschen Schlüsse, indem du dir sagst: »O weh, es klappt nicht. Es funktioniert bei allen anderen, aber nicht bei mir. Was mache ich nur falsch? Offenbar werde ich von irgendwelchen unbewussten Vorstellungen in mir blockiert.« Solche Erklärungsversuche (die allesamt Gedanken und Endergebnisse sind) ziehen Erfahrungen an, die deinen Fortschritt, der ja bereits eingesetzt hat, sabotieren.

4. Setz dich nicht über das System hinweg.

Jetzt ist eine gute Gelegenheit, dir noch einmal zu empfehlen, nur ja die Finger von den *verflixten Wies* zu lassen. Das System funktioniert immer. Schenk ihm Vertrauen. Wenn dein Navigationssystem dir sagt, dass du nach Norden fahren sollst, dann bringt es nichts, wenn du versuchst, es auszutricksen. Genauso verhält es sich mit dem Universum. Verschwende nicht deine Zeit damit, nach- oder gegenzurechnen, was sich in deinem Leben ereignet. Doktere auch nicht auf eigene Faust an Mitspielern, Schauplätzen und Umständen herum. Es ist sinnlos, sich mit Sätzen wie

»Jessica ist vor Monaten in den Süden gezogen und dort glücklich geworden, warum sollte ich es nicht auch versuchen?« verrückt zu machen. Halte einfach an deinem gewünschten Endergebnis fest und tanze bis zur Verwirklichung deiner Träume den Tanz des Lebens mit. Versteife dich nicht darauf, dass hinter einer bestimmten »Tür« oder unter einem bestimmten »Stein« dein Heil liegt. Indem du darauf beharrst, dass sie der Schlüssel sind, oder selbst über den Weg zu entscheiden, schränkst du das Universum in seiner Handlungsfähigkeit zu deinen Ungunsten ein.

Ein Fallbericht: Wie ich es gemacht habe

Meine Endergebnisse und Babyschrittchen

Ich bekam die Mechanismen der Manifestation in meinem Leben zu spüren, als meine Mutter, mein Bruder Andy und ich vor ungefähr zehn Jahren unsere Firma auflösten. Ich hatte genug Geld, um mehrere Jahre lang im Leerlauf zu fahren. Also entschloss ich mich, an einige Türen zu klopfen und ein paar Steine umzudrehen. Meine Ziele waren: erstens Reichtum und Fülle, zweitens Freunde und Lachen, drittens Reisen in fremde Länder und viertens kreative, erfüllende Arbeit (nicht unbedingt in dieser Reihenfolge). Auf mehr wollte ich nicht beharren (und wir werden noch darauf zu sprechen kommen, warum Endergebnisse am besten allgemein formuliert werden sollten).

Dann kam der zweite Schritt meines Manifestationsprozesses: mich in die allgemeine Richtung meiner Traumerfüllung zu bewegen. Als ich anfing, an Türen zu klopfen und Steine umzudrehen, war eine meiner ersten Türen das kreative Schreiben. Ich besaß noch immer meine Website tut.com, und ich verschickte noch immer jede Woche kostenlose E-Mails. Also nahm ich mir vor, diese Tätigkeit noch ein wenig gründlicher zu durchleuchten, um herauszufinden, wohin sie mich führen könnte.

Aus den wöchentlichen E-Mails wurden bald tägliche, und daraus entstanden neun Monate später die Grüße vom Universum. Doch bevor es so weit war, ging mir ein Licht auf. Ich dachte: »Moment mal, Mike, jetzt sind schon ein paar Monate vergangen, und du tust nichts anderes, als kostenlose E-Mails zu verschicken. Inzwischen schrumpfen deine Ersparnisse immer weiter zusammen. Klopf besser noch an ein paar andere Türen.« (Gut kombiniert, Sherlock Holmes!) Nun, da ich festgestellt hatte, dass es mir Spaß machte, über das Leben, Träume und das Glück zu schreiben, und weil ich schon früher gerne mit Freunden und in der Familie über diese Dinge gesprochen hatte, kam mir die Idee, vielleicht einmal an die Tür des Vorträgehaltens und öffentlichen Redens zu klopfen.

Es war nicht allein das Geld, das mich antrieb, aber natürlich musste auch ich Rechnungen bezahlen. Nebenbei gesagt ist überhaupt nichts falsch daran, das Leben unter solch praktischen Gesichtspunkten anzugehen.

Da aber das Reden in der Öffentlichkeit damals absolutes Entsetzen in mir auslöste, klopfte ich zunächst an die Tür eines örtlichen Toastmasters Clubs. (Falls du es nicht weißt, Toastmasters ist eine gemeinnützige Organisation, die ihren Mitgliedern hilft, ihre Ängste vor öffentlichen Auftritten zu überwinden, und aus guten Rednern noch bessere macht.)

Nach einigen Monaten der Mitgliedschaft nahm ich innerhalb der Organisation an Wettbewerben teil und trat als Redner in die Welt. Nicht, dass mir das öffentliche Reden deshalb leichter fiel; das tat es keineswegs. Doch ich wusste, ich muss unbedingt dranbleiben, um offen für die Magie des Lebens zu sein. So trat ich – wie man mir geraten hatte – in Kontakt zu örtlichen Rotary Clubs und bot mich als Gastredner für ihre Zusammenkünfte an. (Die Rotarier sind ein Serviceclub unter anderem für Geschäftsleute. Es gibt sie praktisch weltweit in allen Städten, und *jeder* Club richtet wöchentlich einen Vortrag mit einem Gastredner aus.) Im Verlauf eines Jahres hielt ich in Zentralflorida mindestens zwei Dutzend Mal meine Rede zum Thema »Gedanken werden Dinge«. Gleichzeitig setzte ich mich mit der Unity Church in Verbindung – einer sehr aufgeschlossenen Kirche, die meine Botschaft zu schätzen wusste – und wurde für sie als Ersatzredner tätig.

Es dauerte nicht lange, und wieder ging ein Lämpchen in meinem Kopf an und zwang mich, meine Situation neu zu bewerten. Ich schrieb nun nämlich nicht nur E-Mails ohne Bezahlung, sondern hielt auch noch unentgeltlich Vorträge! Die Zeit war gekommen, um an ein paar weitere Türen zu klopfen. Meine bisherigen Tätigkeiten führte ich zwar fort, aber eine geniale neue Idee (so jedenfalls dachte ich damals) beanspruchte nun überwiegend meine Zeit und spornte mich an: die Survival-Ausstattung! Großartig! Ich hatte ja bereits den Abenteurerclub im Internet, dessen Mitglieder ich mit meinen E-Mails versorgte. Sie würden ganz sicher scharf darauf sein, etwas zu kaufen, um den Club zu unterstützen und zugleich etwas Tolles für sich zu bekommen. Jede Ausstattung – um das Abenteuer des Lebens zu bestehen – setzte sich zusammen aus einem coolen T-Shirt, einem Büchlein, das ich vor langer Zeit im Eigenverlag veröffentlicht hatte und dessen Restexemplare nun in meiner Garage vor sich hin staubten, einem Schlüsselanhänger (unverkaufte Überbleibsel aus früheren Zeiten) und einer Urkunde, auf der der Unterzeichner – meine Wenigkeit – dem Inhaber die Mitgliedschaft im Club bestätigte.

Es war *wirklich* eine gute Idee, doch meine Verkäufe beschränkten sich auf das, was meine Abonnenten mir abnahmen, und als ich dreißig Ausstattungen bei meinen damals nur mehreren tausend Abonnenten verkauft hatte, war mein Markt erschöpft. Als keine weiteren Bestellungen mehr eintrafen, dachte ich: »Also gut, dann eben nicht auf diesem Weg. Ich klopfe wohl besser noch an einige andere Türen.«

Elektronische Postkarten! Ich hatte mitbekommen, dass ein paar Bekannte meine Gedichte aus früheren Zeiten auf ihren Webseiten als kostenlose E-Karten anboten. Auf der Seite, auf der die Bestellung abgeschickt wurde, flimmerten Banner von Kreditkartenanbietern, Reiseveranstaltern und anderen Dienstleistern, wie sie typischerweise auf den Webseiten großer Unternehmen anzutreffen sind. Das war noch in den Zeiten, als Werbewillige dem Internet das Geld förmlich hinterherwarfen – das WWW war noch Neuland. Damals konnte man, wenn sich auf der eigenen Webseite ein Werbebanner befand, mit jedem Klick, den der Internetsurfer auf dieses Banner machte, zehn bis fünfundzwanzig Dollar verdienen. Meine Freunde verdienten allein mit der Werbung auf der Seite ihrer elektronischen Postkarten schon fünfzehntausend Dollar im Monat! *Wahnsinn!*

Das war Bestimmung! Ich verfügte über Hunderte von Verschen aus meinen zehn Jahren im T-Shirt-Geschäft. Ich würde einen eigenen Handel mit E-Karten aufziehen! Also arbeitete ich drei Monate lang jeden Tag daran, Karten zu entwerfen. Doch gerade als ich die ersten Werbekunden akquirieren wollte, platzte die Internetblase, und die Unternehmen, die bisher ihr Geld in die Internetwerbung gesteckt hatten, lösten sich in Rauch auf. Trotz meines Einsatzes verdiente ich in keinem Monat mehr als hundert Dollar. Also machte ich mich auf die Suche nach neuen Türen, an die ich klopfen wollte.

Als Nächstes wandte ich mich an die National Speakers Association. Der Ortsverband von Lakeland/Florida versammelte sich einmal im Monat, aber er wollte mich nicht beitreten lassen, weil ich nicht mit öffentlichen Reden meinen Lebensunterhalt verdiente. Allerdings konnte ich gegen eine monatliche Gebühr Gastmitglied werden und in ihren Workshops an der Qualität meiner öffentlichen Auftritte feilen. Außerdem nutzte ich die Zeit für die Netzwerkarbeit und nahm Kontakt zu berufsmäßigen Rednern auf. Ein paar Monate später forderte mich ein angesehenes Mitglied zu meiner größten Überraschung dazu auf, mit ihm ein Radioprogramm im Internet zu entwickeln, mit dem wir regelmäßig im nächsten Kalenderjahr auf Sendung gehen wollten.

Ich war ganz aus dem Häuschen und schlug als Titel für unser gemeinsames Projekt »Infinite Possibilities: The Art of Living Your Dreams« (Unbegrenzte Möglichkeiten: die Kunst, seine Träume zu verwirklichen) vor. Ich weiß noch, dass ich in Anbetracht meiner damaligen Lebensumstände dachte: »Das ist es! Genau diese Sendung muss ich mir anhören!« Mein Partner brachte mir alles bei, was ich über die Onlineplazierung neuer Produkte wissen musste, angefangen beim Entwickeln einer Verkaufsseite bis hin zu den Informationen, die einem Surfer unser Radioprogramm schmackhaft machen sollten.

An dem Tag, als wir auf Sendung gingen und das Programm unseren jeweiligen Abonnenten vorstellten, verdiente ich bei den meinen fünftausend Dollar und mein Partner bei den seinen nicht einen Cent. Als er davon erfuhr, gratulierte er mir und stieg aus. Er sagte: »Mike, ich kann mit dir bei diesem Programm den Gewinn nicht teilen. Du hast deine Sache großartig gemacht. Es gehört dir allein.« Du lieber Himmel! Das bedeutete, ich hatte noch zwei Wochen, um die erste Sendestunde von »Infinite Possibilities« zu schreiben, aufzunehmen, zu schneiden, zu mastern und zu duplizieren – alleine. Auweia!

Versteckte Wunder offenbaren sich

Woher sollte ich den Inhalt nehmen, das Material, das die an den Titel gerichteten Erwartungen erfüllen würde? *Ach ja!* Meine kostenlosen Vorträge! War es nicht ein Glück, dass ich im Toastmasters Club Mitglied geworden war und all die Vorträge bei den Rotariern und in der Unity Church gehalten hatte? Ich musste lediglich eine Handvoll Vorträge zu einem einstündigen Beitrag verknüpfen, und schon hatte ich meine erste Sendung für »Infinite Possibilities«! Ich hatte bereits ein kleines digitales Aufnahmegerät angeschafft, mit dem ich in meinem Büro zu Hause die Masteraufnahme machen konnte.

Dann stellte sich die Frage, wie ich dafür sorgen könnte, dass die weltweiten Abonnenten meiner ersten Sendung mir die gebuchten fünftausend Dollar auch bezahlten? Kein Problem. Meine Tätigkeit mit der Survival-Ausstattung hatte mich bereits in die Lage versetzt, Kreditkartenzahlungen online entgegenzunehmen. Ja, es ist unglaublich, aber schon am Abend nach meiner Ankündigung der Sendung hatte ich die Zahlungen vollständig erhalten!

Aber wie würde ich nun fortfahren? Die Zukunft bereitete mir Sorgen, denn durch den Verkauf meiner Survival-Ausstattung hatte ich gelernt, dass meine zahlenmäßig begrenzten Abonnenten auch nur eine begrenzte Zahl von Produkten erwerben konnten. Wohin sollte ich mich wenden, um neue Kunden zu gewinnen? Kein Problem. Durch die E-Karten und die Bannerwerbung hatte ich alles über das Affiliate- oder Viralmarketing gelernt, das auf den sozialen Netzwerken der Nutzer basiert. Bei den Karten beispielsweise funktioniert es folgendermaßen: Eine Person schickt eine Karte an Freunde. Die schicken sie wiederum an ihre Freunde und so weiter, bis man plötzlich Zehntausende Nutzer hat, die nicht nur Karten versenden, sondern auch die Bestellseite sehen, auf der sich die Werbung befindet!

Da mein E-Karten-Geschäft noch gut lief und sogar immer beliebter wurde, entfernte ich dort die wenig einträglichen Werbebanner von Fremdfirmen und ersetzte sie durch Anzeigen für »Infinite Possibilities«! In den darauffolgenden Jahren verdiente ich meinen Lebensunterhalt zunehmend mit »Infinite Possibilities« und konnte erleben, wie es schließlich zu einem der einträglichsten Internetaudioprogramme aller Zeiten wurde.

Meine *physischen Sinne* nahmen die Jahre, bevor ich mit »Infinite Possibilities« auf Sendung ging, als eine einzige Abfolge beschämender Niederlagen wahr. Doch als ich zu Beginn meiner Reise mein Endergebnis – Reichtum und Fülle, Freunde und Lachen, Reisen in fremde Länder und kreative, erfüllende Arbeit – definierte, da wusste das Universum *im gleichen Augenblick* und *ganz genau,* wie es mich zum Ziel bringen würde. Effektiv, wie es ist, arbeitete es sich vom Ziel zurück und kam zu dem Schluss: »Also gut, Mike, deine Wünsche lassen sich am schnellsten und auf dem kürzesten Weg erfüllen, wenn du ein Audioprogramm im Internet betreibst, mit dem du weltweit Menschen erreichst. Aber damit dein Programm auch *gehaltvoll* ist, musst du zunächst deine Angst vor öffentlichen Auftritten überwinden und Inhalte entwickeln, mit denen du Menschen überall auf der Welt ansprichst. Wir sorgen dafür, dass sich deine Glaubwürdigkeit erhöht, und dann kannst du auch deine Reisen in fremde Länder machen. Außerdem müssen wir deine Kreditkarte aktivieren.«

Als ich mich dann hinaus in die Welt begab, um an Türen zu klopfen und um die geschilderte Abfolge von Ereignissen in Gang zu setzen, kam es mir vor, als geschehe ein Wunder nach dem anderen. Sie alle waren eindeutig dazu geschaffen, um mir »Infinite Possibilities« zu bescheren und damit das Leben meiner Träume, so wie ich es definiert hatte. *Allein gestützt auf meine physischen Sinne,* konnte ich im Verlauf des Prozesses natürlich *nichts davon erkennen.* Hätte ich nicht zuvor Einblicke in die Mechanismen der Manifestation und in die Magie des Lebens gewonnen, wie leicht hätte ich entmutigt sein und glauben können, das Universum wolle mir mitteilen: »Guter Mike, verstehst du unsere Fingerzeige denn nicht? Deine verrückten Ideen sind nicht das Richtige für dich. Nun sei doch vernünftig!« Allerdings muss ich zugeben, dass ich tatsächlich gelegentlich ins Zweifeln kam und wankte. Aber so wäre es wohl jedem in meiner Situation ergangen. Es war ein sehr langes Jahr.

Wo immer du bist, gib niemals auf

Ich weiß nicht, an welchem Punkt in deinem Leben du dich augenblicklich befindest, aber vielleicht meinst du ja, dass du dir gerade die Zehen stößt, dass du stolperst oder im Fallen begriffen bist. Versuche nicht, deine Reise allein mit deinen physischen Sinnen zu erfassen. Wende dich stattdessen nach innen und erkenne die Wahrheit. Das System versagt nie und bringt dich der Erfüllung deiner Träume jeden Tag näher. Man könnte sagen, das Universum konspiriert zu deinen Gunsten. Bloß weil du das mit deinen eingeschränkten physischen Mitteln nicht erkennst, heißt das nicht, dass die göttliche Intelligenz auch nur einen Augenblick ungenutzt lässt. Auch bedient sich das Universum jeder einzelnen Tür, an die du geklopft hast, um dich an den

Ort deiner Träume zu bringen. Gib nicht auf, nur weil du deine Fortschritte nicht siehst, oder weil du meinst, zu versagen oder in die falsche Richtung unterwegs zu sein. Es könnte sogar sein, dass du *gerade jetzt* den Wendepunkt auf dem Weg zu deinem unvermeidlichen Erfolg *bereits* erreicht hast, auch wenn du das nicht erkennst.

Gib niemals auf. Alles, was geschehen ist, und alles, was jetzt geschieht, ereignet sich zu deinen Gunsten. Mach dein Vertrauen darauf zum Kern deines Handelns und denke daran: Die Wunder des Fortschritts sind nahezu auf jeder Reise unsichtbar. Die Situation, in der du dich heute befindest, ist kein Indikator für das, was sich bereits morgen entfalten kann. *Wo du bist, ist niemals, wer du bist.*

Gruß vom Universum

Gib niemals etwas auf den Anschein.
Natürlich darfst du mit dem Anschein deinen Spaß
haben; vertrau ihm nur nicht.
Ich vertraue dir,
das Universum

Nichts könnte leichter sein

Das größte Geheimnis der wunderbaren Mechanismen der Manifestation besteht darin, dass der gesamte Prozess in genau der umgekehrten Reihenfolge abläuft, als es uns unsere physischen Sinne weismachen wollen.

Der Ausgangspunkt jeder gewollten Manifestation ist immer das Endergebnis. Das Endergebnis vor Augen zu haben, ruft die Mittel auf den Plan – jene physische Logistik, die eine Manifestation in der physischen Welt bewerkstelligt. Gedanken erzwingen also die äußeren Umstände. Uns fällt dabei die leichtere Aufgabe zu. Wir fangen damit an, dass wir entscheiden, was wir wollen! Postwendend ermittelt das Universum die gesamte Abfolge von Ereignissen, die erforderlich ist, um das angestrebte Ergebnis herbeizuführen. Sobald du dich in die allgemeine Richtung deiner Wunscherfüllung zu bewegen beginnst, wird diese Abfolge in Gang gesetzt. Auf diese Weise hast du bereits dein gesamtes Leben manifestiert! Ist das nicht kinderleicht?

Du schaffst das!

Hier eine Übung, die dir helfen wird, die Ereignisabfolge, die bisher in deinem Leben Veränderungen auf den Weg gebracht hat, neu zu durchdenken. Nutze die Übungsanweisungen auch, um die anschließende Tabelle auszufüllen (am besten überträgst du die Tabelle auf ein Blatt Papier) und deine Erfahrung neu zu bewerten. Sobald du durchschaust, wie du deine bisherigen Ziele erreicht hast, kannst du den Prozess jederzeit wiederholen. Frei nach dem Motto: Für den Zauberer gibt es keine Zauberei.

Erster Schritt: **Wendepunkt:** Erinnere dich an einen Wendepunkt in deinem Leben, den du kürzlich und unerwartet durchlaufen hast, am besten an einen positiven. Zum Beispiel könntest du jemanden kennengelernt haben. Oder dir fällt einer dieser berühmten Zufälle ein oder ein plötzlicher Erkenntnisblitz. Schreib auf, was du für einen spirituellen, finanziellen, gesundheitlichen oder romantischen Wendepunkt hältst, der dein ganzes Leben umgekrempelt hat. Der gewählte Wendepunkt sollte nicht so weit zurückliegen, dass dir die Umstände, die zu ihm geführt haben, nicht mehr erinnerlich sind.

Zweiter Schritt: **Lebensumstände:** Nun denk über die Faktoren nach, die deiner Meinung diesen Wendepunkt herbeigeführt haben. Was hat dafür gesorgt, dass du zur rechten Zeit am rechten Ort warst? Es könnte deine Stimmung gewesen sein, deine Geisteshaltung, die Umstände oder die Ereignisse der Tage, Wochen und Monate vor dem Wendepunkt. Alles Mögliche kommt in Frage. Vielleicht hat dir jemand von einem großartigen Buch erzählt, dir einen angekündigten Vortrag empfohlen oder dir einen Job angeboten. Benenne das Ereignis, das dich *physisch* in die Lage gebracht hat, diesen großen Wendepunkt zu erfahren.

Dritter Schritt: **Wendepunkt:** Nun stelle fest oder schreibe auf, welche Hauptbereiche deines Lebens von diesem Wendepunkt beeinflusst wurden. War es dein Glück, deine berufliche Laufbahn, deine finanzielle Situation? Sei konkret.

<table>
<tr><td colspan="2" align="center">**Der Wendepunkt:**</td></tr>
<tr>
<td align="center">Die Umstände,
die letztlich den Wende-
punkt herbeiführten:</td>
<td align="center">Die Lebensveränderungen
nach dem Wendepunkt:</td>
</tr>
</table>

Es gibt zwei Möglichkeiten, diese Übung und die Abfolge der Ereignisse vor dem Wendepunkt auszuwerten. Normalerweise würde man sie entlang einer Zeitachse anordnen. Als Geschichte wiedergegeben könnte sich das dann so anhören:

»Ich saß im Flugzeug und war auf dem Weg nach New York, um meine Großmutter zu besuchen, weil sie mich aus heiterem Himmel angerufen hatte, um mir mitzuteilen, dass sie meinen Besuch in Manhattan bezahlen würde. Und weil ich gerade diese Werbung der XYZ-Fluggesellschaft im Fernsehen gesehen hatte und deshalb wusste, dass sie einem bei Inlandsflügen doppelt so viele Meilen gutschreiben wie alle anderen Gesellschaften, flog ich mit ihr. Zufällig saß ich neben diesem Typen, und der hat den ganzen Flug lang über nichts anderes als über dieses neue Buch von Dan Brown gesprochen.

In New York City angekommen, stellte ich fest, dass die U-Bahn, mit der ich normalerweise fahre, außer Betrieb war. Also musste ich bis zur nächsten Station laufen. Auf dem Weg kam ich an diesem Buchladen vorbei, und weil ich ja gerade so viel über das neue Buch von Dan Brown gehört hatte, ging ich hinein, um es zu kaufen. Leider waren alle Exemplare ausverkauft. Doch als ich den Laden schon wieder verlassen wollte, fiel mir ein anderes Buch ins Auge. Sein Titel war *Die Matrix der Wunscherfüllung*. Irgendwie fühlte ich mich von dem Buch angesprochen, und schon hatte ich es in der Tasche. Von diesem Augenblick an hat sich mein Leben grundlegend verändert. Ich bin in einer neuen Beziehung, habe einen neuen Job, und ich war noch nie so fotogen!«

Die Geschichte gibt die Abfolge der Ereignisse so wieder, wie wir sie mit unseren physischen Sinnen auf der Zeitachse erfahren (siehe Abb. A). Und wenn uns die durch die Veränderung herbeigeführten Ergebnisse gefallen, dann glauben wir natürlich, dass weitere Veränderungen ähnlicher Art Glück erfordern (womit wir unsere Handlungsgewalt abtreten) oder durch bestimmte Ereignisse herbeigeführt werden müssen (was bedeutet, dass wir mit den *verflixten Wies* herumwursteln und ebenfalls unsere Handlungsgewalt abtreten). Also versuchen wir, wieder jemanden kennenzulernen, der uns ein Buch empfiehlt, und schon haben wir uns in einem fruchtlosen Unterfangen verstrickt. Vielleicht verlangen wir vom Universum sogar, dass alles am 31. Dezember losgehen soll, damit das neue Jahr gleich richtig anfangen kann!

Abb. A

Lebensumstände ⇨ Wendepunkt ⇨ Lebensveränderungen
⇦ erlebt auf der Zeitachse ⇨

Tatsächlich jedoch wurden die Ereignisse in genau der umgekehrten Reihenfolge »montiert«. Ausgelöst hast du den Prozess, weil du irgendwo auf dem Weg eine *Lebensveränderung* neu *definiert* hast. Ich weiß nicht, ob es sich um Glück oder Gesundheit oder um die Belastung deiner Kreditkarte gehandelt hat, *du hast jedenfalls etwas in einem neuen Licht gesehen.* Du wolltest entweder mehr oder weniger davon. Du hast dir dein zukünftiges Leben so vorgestellt, als sei diese Veränderung bereits eingetreten.

Du hast eine neue Erwartung entstehen lassen. Du hast aufgehört, dich mit weniger zufriedenzugeben, und *dein Verhalten hat sich entsprechend verändert.* Das Universum – die metaphysischen Prinzipien des Lebens – hat reagiert und umgehend die ideale Abfolge der Ereignisse festgelegt, um die Veränderungen in deinem Leben herbeizuführen. Mit dieser Abfolge hat es auch den erforderlichen Wendepunkt und die für ihn notwendigen Voraussetzungen bestimmt. Es hat von deiner neuen Vision ausgehend *rückwärts* gearbeitet und Ereignisse, Umstände und Mitspieler zusammengestellt, die zur rechten Zeit am rechten Ort sein würden, um dein *physisches Jetzt* mit dem *zukünftigen Jetzt* (siehe Abb. B) zu verschmelzen.

Abb. B

Lebensveränderungen ⇨ Wendepunkt ⇨ Lebensumstände

⇦ montiert und berechnet jenseits von Zeit und Raum ⇨

Sobald du erkennst, dass die Abfolge der Ereignisse auf *diese* Weise inszeniert wurde, um dich auf eine neue Ebene des Glücks oder der Fülle zu heben (je nachdem, welches Endergebnis du anstrebst), weißt du, wie du beim nächsten Mal eine gewünschte Manifestation *bewusst* herbeiführen kannst. Stimmt's? Dabei fallen uns die leichteren Aufgaben zu. Um das Muster zu wiederholen, wende dich nach innen und gib deinem Leben auf der Basis der von dir gewünschten Veränderungen eine neue Richtung. Stell dir vor, dass die Veränderungen *bereits* eingetreten sind. Gib dich mit nichts Geringerem zufrieden und *verhalte* dich so, als hättest du keinerlei Zweifel an der Unvermeidlichkeit deines Erfolges. Das Universum wird deine Wünsche aufnehmen und die benötigten Wendepunkte organisieren, die richtige Inspiration, die richtigen Freunde oder Kunden, die notwendigen Umstände. Außerdem wird es die Tage, Wochen und Monate vor dem Wendepunkt so ordnen und programmieren, dass du auf die gewünschte Veränderung vorbereitet bist. Genau so funktionieren die Mechanismen der Manifestation. Es ist dir schon bekannt, aber trotzdem möchte ich es noch einmal wiederholen: Du musst lediglich vor Ort sein und dich in einer allgemeinen Richtung auf die Erfüllung deiner Träume zubewegen, damit du für deine »erstaunlichen Zufälle« und »glücklichen Fügungen« zur Stelle bist. Sie sorgen dafür, dass sich die Pläne des Universums problemlos verwirklichen.

Gruß vom Universum

Das kann nicht sein. Was auch immer geschieht,
du kannst dein Leben nicht maßgeblich verändern,
indem du die materielle Welt manipulierst – nicht,
indem du fleißiger arbeitest, länger studierst, deine
Verbindungen spielenlässt, schwitzt, fastest oder dich
und andere für dumm verkaufst!
Doch vor Veränderungen – vor großen Veränderungen –
gibt es kein Entkommen … wenn du erst anfängst,
die Welt deiner Gedanken zu manipulieren.
So einfach ist das.
Das Universum

KAPITEL 4
Die Matrix »spielen«

Definition: *Eine Matrix ist etwas im Inneren oder
etwas, in dem etwas anderes seinen Ursprung hat,
aus dem heraus es sich entwickelt oder Form annimmt;
sie gleicht einer mathematischen Matrix, insbesondere
hinsichtlich der rechtwinkligen Anordnung
von Elementen in Reihen und Spalten.*
MERRIAM-WEBSTER

Warum eine Matrix?

Ich wollte erkennen und verstehen, welche *Auswirkungen* es
hat, wenn wir unsere Energie fokussieren. Mit großer Anstrengung brachte ich schließlich die nachfolgende Matrix
zustande. Wochenlang hatte ich über mein gewünschtes
Endprodukt nachgebrütet und zahllose Versuche unternommen, es für jedermann verständlich zu erklären (wo-
durch ich mich in die ungefähre Richtung meiner Wunscherfüllung bewegte). Da fielen mir plötzlich in Spalten hin-
geworfene Begriffe in meinen handgeschriebenen Notizen
auf, von denen ich Pfeile gezogen hatte, um ideale und
weniger ideale Auswirkungen aufzuzeigen. Als ich diese
Notizen entdeckte, nutzte ich die Gelegenheit, die behelfs-
mäßigen Spalten zu formalisieren und auszubauen. Es ent-
stand eine einfache rechteckige Anordnung von Textbau-
steinen, die mich an eine mathematische Matrix erinnerte.

Die Klarheit und die Nützlichkeit dieser Matrix haben mich und andere seither immer wieder in Erstaunen versetzt. Auf meiner zweiten Welttournee habe ich meine Matrix ungefähr zehntausend Menschen präsentiert. Da zeigte sich offensichtlich, dass diese Menschen sie als ebenso revolutionär und aufregend empfanden wie ich.

Wenn du die Matrix einsetzt, hilft sie dir, Klarheit über das zu erlangen, was du *wirklich* willst. Man meint, zu wissen, was man will. Ist doch selbstverständlich! Doch wir sind in einer Gesellschaft aufgewachsen, die uns darin bestärkt, mit den *verflixten Wies* herumzuwursteln und vollkommen unwichtigen Einzelheiten unangemessen viel Aufmerksamkeit zu schenken. Daher vermischen wir ungewollt unsere eigentlichen Wünsche mit unseren Vorstellungen davon, wie wir sie erreichen können. Zusätzliche Verwirrung stiften die vielen widersprüchlichen Aussagen der verschiedensten Autoritäten zum Thema »gewollte Manifestation«. Ich selbst habe mich schon bei dem Versuch festgefahren, die richtigen Endergebnisse auszuwählen (»zufällig« am nachdrücklichsten bei den Vorbereitungen für dieses Buch).

Wie sieht ein gutes Endergebnis aus?

Meine Mutter und mein Bruder besuchen mich oft in meinem Haus, manchmal mit nichts anderem im Sinn, als ein bisschen Kriegsrat zu halten, sich von der Aufregung des Lebens anstecken zu lassen, aus Büchern vorzulesen und sich vorlesen zu lassen oder um über Einsichten zu diskutieren, die wir in der Zwischenzeit gewonnen haben. Bei einer dieser Gelegenheiten wollte Andy uns durch eine Visualisierung leiten, die er sich gerade ausgedacht hatte.

»Also los, Leute, entspannt euch. Tief atmen. Einatmen … Ausatmen … Jetzt macht die Augen zu«, begann Andy. Dann ging er zu seinem Ghettoblaster und drehte die Musik von *Chariots of Fire* auf. »Jetzt stellt euch vor, dass ihr bei Sonnenaufgang am Strand entlanglauft; die Wellen brechen sich am Ufer, und in euch macht sich ein überwältigendes Gefühl von *Dankbarkeit* breit.«

Ich bin kein Spielverderber, also mache ich mit, laufe in Gedanken den Strand entlang und platze fast vor Dankbarkeit, als mich eine Stimme in meinem Inneren fragt: »Mike, wofür bist du denn dankbar?« (Um Dankbarkeit zu empfinden, muss man natürlich nicht unbedingt etwas Besonderes vorweisen können; es reicht aus, wenn man sich einfach nur so, ohne Grund dankbar fühlt. Dennoch entschließe ich mich, auf die Frage meiner inneren Stimme einzugehen.) Mir kommt umgehend der Gedanke, dass ich für diese tolle Beziehung dankbar sein will. Ach du gute Güte!

Ich jogge also am Strand entlang und bin so glücklich. Wenn ich zur Seite blicke, sehe ich, dass *sie* gleich neben mir läuft! Ich strahle vor Dankbarkeit, und sie tut es auch; wir laufen sogar im selben Rhythmus. Alles ist wunderbar, als die Sonne langsam am Horizont aufsteigt, bis die gleiche Stimme fragt: »Mike, bist du sicher, dass du eine Beziehung *erzwingen* willst? Bisher haben Beziehungen sich bei dir immer um sich selbst gekümmert. Du musst doch nichts *ins Rollen bringen*. Lebe einfach und tanze den Tanz des Lebens; und sobald du bereit bist und die richtige Person bereit ist, wird alles vollkommen mühelos ablaufen.« Und so denke ich bei mir: *Na gut, vielleicht ist da ja was dran.*

Andy führt uns noch immer am Strand entlang, doch jetzt fühle ich mich ein bisschen einsam, und in dem Augenblick kehrt die Stimme zurück und sagt: »Nun komm schon, gib mir etwas, wofür ich dankbar sein kann.«

Ach so, jetzt weiß ich's! Ein roter Ferrari! Toll! Er glitzert dort

am Strand in der Sonne, und während ich an ihm vorbeilaufe, bewundere ich seine geschwungenen Linien, seine
schnittigen Kurven und den makellosen Lack. Ich fange gerade an, vor Dankbarkeit zu strahlen, als ich höre: »Mike,
wenn du jetzt einen gelben Lamborghini manifestierst, wärst
du dann am Boden zerstört, weil du deinen roten Ferrari
nicht bekommen hast?« Nein, natürlich nicht. Ich würde
mich auch über einen gelben Lamborghini ziemlich freuen.
»Nun, warum denkst du dann an einen roten Ferrari? Du
versperrst gerade deine Tür vor dem gelben Lamborghini.
Sei doch ein bisschen allgemeiner, nicht so konkret. Lass
doch Raum für *etwas noch Besseres*.«
Genau! Etwas noch Besseres! Wir wollen die Sache mit dem
Auto unter den Tisch fallen lassen, und ich denk mir etwas
noch Besseres aus …
Andy redet noch immer und geleitet uns durch die Dankbarkeit, und da habe ich eine andere großartige Idee: ein
schickes Haus am Meer! Während ich an meiner vorgestellten Villa vorbeilaufe, winke ich noch schnell dem Kamera-
team von MTV zu, das für die Sendung »Die Häuser der
Stars« einen Beitrag über mein Zuhause bringen will. Das
Gebäude ist voller Menschen, die Musik dröhnt, und die
Leute zeigen auf mich und winken *mir* zu. »Da ist Mike!
Ihm gehört die Villa! Der ist toll!« Ich empfinde jetzt *so* große Dankbarkeit … bis: »Mike, geht es dir nur um Klunker?
Brauchst du materielle Dinge, um Dankbarkeit zu empfin-
den?« Und so ziehe ich mich ein wenig bedeppert und be-
schämt von der Vorstellung zurück. *Genau. Lass die Finger
davon. Überleg dir etwas anderes.*
Ich entscheide mich, dankbar dafür zu sein, dass ich die
Grüße vom Universum schreiben darf, die zum damaligen
Zeitpunkt täglich an über hunderttausend Menschen ge-
sandt wurden. Ich stelle mir vor, wie sie überall auf unserem
Planeten in elektronischen Briefkästen ankommen und an

Freunde weitergeleitet werden. Millionen und Abermillionen Menschen bekommen täglich die Grüße vom Universum. Ich bin einfach so glücklich über meine Rolle bei ihrem Zustandekommen und über die Freude, die ich anderen bereite ... bis ich wieder diese lästige Stimme höre: »Mike, vielleicht sind E-Mails nicht die erste Wahl, wenn es dir darum geht, *möglichst viele* Menschen zu erreichen. Vielleicht ist ein Buch besser. Oder ein Blog. Vielleicht ist es auch deine nächste Welttournee, eine *Stadiontournee!* Wer weiß? Doch wenn du dich auf eine Sache beschränkst – die Grüße –, dann schließt du alle anderen Möglichkeiten aus.«

Ich bin im Begriff durchzudrehen. Ich entscheide mich, einfach nur an meinen Abenteurerclub zu denken, der meine Dachorganisation ist, die alles umfasst, was ich beruflich tue. Da sagt Andy plötzlich: »Okay, das war's. Gut gemacht!« *Ich hätte ihn umbringen können.* Ich bin im wahrsten Sinne des Wortes durchgeschwitzt von diesem anstrengenden mentalen Dauerlauf am Strand und habe das Gefühl, dass er für mich absolute Zeitverschwendung war. Ich war unfähig, mich auf eine einzelne Sache zu konzentrieren, ohne mich selbst mit Schuldgefühlen, Ermahnungen oder Selbstkritik zu quälen! *Warum nur war das so unglaublich schwierig?*

Auch das liegt wieder daran, dass es so viele verschiedene Denkrichtungen zu dem Thema gibt. Soll man an die Details denken? Oder soll man eher allgemein bleiben und es dem Universum gestatten, etwas zu ermöglichen, was sogar noch besser ist als das, was man sich vorstellen kann? Und wie steht es, wenn es um andere Menschen geht, zum Beispiel in Beziehungen? Haben sie bei der Entfaltung ihres eigenen Lebens kein Mitspracherecht? Und was ist mit den Klunkern? Ist es möglich, *zu* materialistisch zu sein? Obgleich *jedes einzelne Ding, an das ich voller Dankbarkeit gedacht hatte, angemessen und vernünftig war* (jedes von ihnen hätte ohne weiteres ein Endergebnis sein können), verwirrten mich meine Zweifel, Zwiespältigkeiten, der gesellschaftliche Druck und die widersprüchlichen Gedanken, die in meinem Kopf umherschwirrten. In diesem Augenblick wurde mir schlagartig klar, dass ich anderen ebenso wie mir selbst helfen musste, den Gedanken eine klare Richtung zu geben, damit wir alle lernen, aus unseren Träumen von einem neuen Leben eindeutige Endergebnisse zu machen.

Überblick

Die nachfolgend dargestellte Matrix besteht im unteren Bereich, der das gesamte uns bekannte Spektrum der Wirklichkeit darstellt, aus sechs Spalten – allesamt mögliche Träume oder Endergebnisse. Diese Spalten sind das Herzstück der Matrix: Sie umfassen absolut alles, was ein Mensch sich wünschen kann. Darin ähnelt die Matrix einer Malerpalette, nur mit dem Unterschied, dass sie nicht Farben, sondern Endergebnisse zur Wahl stellt.

Wir wollen jede der sechs Spalten eine nach der anderen betrachten, von links nach rechts. In den beiden ersten linken Spalten befinden sich die möglichen Endergebnisse ätherischer oder immaterieller Art (siehe obere Hälfte der Matrix). Sie basieren auf Gedanken oder Emotionen, und ihre Manifestation ist *vollständig von uns selbst abhängig,* von unseren Perspektiven und unserem Geisteszustand. Die anderen vier Spalten rechts davon beinhalten hingegen Endergebnisse, die *von den Illusionen abhängen.* Demnach beruht ihre Manifestation auf Zeit, Raum, Materie oder Personen. Je weiter wir uns in der Matrix nach rechts bewegen, desto größer wird die Abhängigkeit der Manifestationen von anderen Menschen, deren Gedanken und Manifestationen.

Auf Gedanken und Emotionen basierende Endergebnisse

Erste Spalte: Sie ist die Spalte des Glücks. Du hast es bestimmt schon tausendmal gehört: *Jeder Mensch ist seines eigenen Glückes Schmied.* Wir selbst entscheiden, was wir denken.

Zweite Spalte: Angefangen beim Verstehen zeigt diese Spalte auf, dass es außer Glück noch mehr mögliche Endergebnisse gibt, die ausschließlich von uns abhängig sind. Ebenso wie für das Glück ist unser Inneres auch für diese auf Emotionen oder Gedanken beruhenden Ziele verantwortlich.

Auf Illusionen basierende Endergebnisse

Dritte Spalte: Die Endergebnisse dieser Spalte nenne ich die »phantastischen Fünf«. Auch wenn sie auf Illusionen fußen, sind sie doch immerhin allgemein gehalten und lassen viel Raum für die *Wies* der Manifestation in unserem Leben. Allgemein gesprochen umfassen die »phantastischen Fünf« alle Bereiche der *physischen Welt,* die du vielleicht in deinem Leben ändern möchtest. Diese Spalte ist die erste, die auf die Illusionen zugreift. Das ist ein großer, ein gewaltiger Schritt. Endergebnisse, die aus dem Bereich der ersten beiden Spalten gewählt werden, sind allein von uns abhängig; sie sind ätherisch. Nun aber begeben wir uns in den Bereich, in dem Veränderungen abhängig sind von Zeit, Raum, Materie und, in einem allgemeinen Sinn, von Menschen. Und, merkst du was? Meinst du, das könnte vielleicht ein Problem sein? Wohl kaum!

Wir sind die Otter des Universums: voller Lebensfreude, spaßliebend und von Geburt an darin begabt, Materie zu manipulieren. Wir sind die Gladiatoren der Ewigkeit, die diese Bastion der Vollkommenheit im Kosmos geschaffen

Die Matrix

gesamtes Spektrum der Wirklichkeit mit allen Träumen ←	
Gedanke & Emotion	Illusionen –
* ätherisch * **höchstes und bestes Endergebnis**	physisch – allgemein hervorragend
allein von dir abhängig	abhängig von den Illusionen
← Festhalten! →	

G L Ü C K	Verstehen Dankbarkeit Spiritualität Zutrauen Kreativität Akzeptanz Toleranz Mitgefühl Geduld Selbstliebe etc.	**»Die phantas-** **tischen Fünf«** Auskommen Fülle Gesundheit Beziehungen Aussehen

Umstände (vom Universum gehandhabt) →

und Endergebnissen, die möglich sind ⟶		

abhängig von Zeit, Raum, Materie oder anderem

physisch – Typ 1 enger, aber akzeptabel – schränkt Möglichkeiten ein	physisch – Typ 2 erheblich abhängig von anderen oder angepassten Überzeugungen	physisch – Typ 3 vollständig abhängig von anderen – schlimmster Fall von *verflixten Wies*
zunehmend abhängig von den Illusionen und von anderen		vollständig abhängig von anderen

⟵ Loslassen! ⟶

Besitz Beruf/Arbeit Stufen des Reichtums Freundschaften Kollegen familiäre Harmonie Spaß und Spiele Hobbys Fitness Begabungen etc.	Projekte Ereignisse Ernährung Investitionen Zeitvorgaben Autotyp €-Summe etc.	bestimmte Menschen, bestimmte Arbeitgeber, bestimmte Kunden, bestimmte Vorräte, bestimmte Pflanzen, bestimmtes Haus etc.

⟵ *verflixte Wies* (von dir gehandhabt)

haben. Das Spielen mit der Materie ist unser Vorrecht in unserem selbstgewählten Leben im Dschungel von Zeit und Raum. *Physisch gesehen* sind wir selbst Wesen, die Materie atmen!

Materie ist nicht im eigentlichen Sinne etwas Schlechtes. Auch ist nichts daran auszusetzen, sie auf eine Weise, die dir Freude macht, in dein Leben zu holen. Auf den Illusionen basierende Wünsche nach Veränderungen sind durchaus akzeptabel, *insbesondere dann, wenn sie allgemein gehalten sind.* Wenn du dich nach Fülle oder einer Veränderung deines Auskommens sehnst, dann sind dies so unspezifische Wünsche, dass die metaphysischen Prinzipien genug Freiheit haben, ihren eigenen Anforderungen zu entsprechen *und* deine Bitte zu erfüllen (und falls du jetzt noch nicht begreifen solltest, wie wichtig das ist, so wird sich das bald ändern).

Lass uns kurz einen Blick auf jedes einzelne Endergebnis aus der Riege der »phantastischen Fünf« werfen, damit du genau weißt, wofür sie stehen:

Auskommen:	Es geht darum, mit welchen Aktivitäten du deinen Tag verbringst, ob du arbeitest, gemeinnützig tätig bist, zu Hause bist oder Kinder großziehst.
Fülle:	Hier ist materielle Fülle gemeint. Selbstverständlich kann man sich Fülle auch im Zusammenhang mit Freunden, Hobbys oder Liebe wünschen; doch an dieser Stelle, das sollte dir klar sein, ist schlichtweg Knete gemeint.
Gesundheit:	Bezieht sich natürlich auf deinen physischen Körper.
Beziehungen:	Man könnte sagen, hier geht es um den physischen Körper anderer Menschen, egal, ob es sich dabei um Freunde, Geschäfts-

	partner, Kunden, Ehepartner oder Geliebte handelt.
Aussehen:	Dieser Begriff verweist auf die Zufriedenheit oder Unzufriedenheit mit dem eigenen physischen Erscheinungsbild. Es sind vor allem die Menschen angesprochen, die abnehmen, zunehmen oder auf irgendeine andere Art ihr Aussehen verändern wollen.

Vierte und fünfte Spalte: »Physisch – Typ 1« und »physisch – Typ 2« sind rein willkürliche Bezeichnungen, die ich gewählt habe, um Unterscheidungen zu erleichtern. Selbst die Beispiele sind bis zu einem gewissen Grad willkürlich, und in einigen Fällen könnte man sich sogar über die Spalte streiten, in die sie gehören. Mir ging es jedoch darum zu zeigen, dass unsere Manifestationen immer stärker von *bestimmten* Details und Umständen und obendrein von *bestimmten* Menschen abhängig sind, je weiter wir uns in den Spalten nach rechts bewegen. Je weiter wir nach rechts gehen, desto detaillierter und konkreter werden auch unsere Wünsche.

In der Spalte »physisch – Typ 1« geht es um materiellen Besitz, jedoch noch nicht im konkreten Sinn. Wir sprechen hier lediglich über Stufen des Reichtums. Weitere Punkte sind die familiäre Harmonie und Freundschaften.

Die Spalte »physisch – Typ 2« handelt von konkreteren Investitionen, Umständen, Projekten, Zeitvorgaben und Geldbeträgen.

Sechste Spalte: »Physisch – Typ 3«, die letzte Spalte der Matrix, befindet sich am anderen Ende des Spektrums, das mit der Spalte des Glücks begann. Wenn wir Endergebnisse aus dieser Spalte wählen, dann machen wir den Erfolg unserer angestrebten Veränderungen nicht nur an den Illusionen fest. Wir verknüpfen sie zusätzlich mit bestimmten Menschen und deren Entscheidungen. Das entspricht dem tiefsten nur denkbaren Eintauchen in die *verflixten Wies*. Bei solchen Endergebnissen erreichst du die gewünschte Veränderung in deinem Leben so lange nicht, bis ein *bestimmter Mitmensch* bei sich Veränderungen vornimmt. Es ist, als sagte man: »Versteh doch, ich kann nicht glücklich sein, bis du dich in Form bringst ... bis du mir eine Gehaltserhöhung gibst ... bis du mir Respekt entgegenbringst ... bis du mir mein Traumhaus verkaufst!« Ach du lieber Schreck! In der letzten Spalte haben wir die Handlungsgewalt in unserem Leben endgültig abgetreten.

Die Matrix »spielen«

Im metaphysischen Sinne

Im Wesentlichen ist die Matrix ein Hilfsmittel, das uns zeigt, worauf wir im Gesamtspektrum der Wirklichkeit unsere Aufmerksamkeit richten sollen, um bestimmte Ergebnisse und Konsequenzen zu bewirken. Sie unterstützt uns darin, unsere Endergebnisse so zu wählen, dass wir mehr Macht über unser Leben gewinnen und unseren Erfolg sicherstellen können. Sie weist uns darauf hin, was wir an universelle Prinzipien delegieren dürfen und manchmal müssen. Und sie enthüllt uns ganz genau, was wir niemals dem Universum überlassen können oder sollten.

Die Matrix macht sichtbar, dass alle Manifestationen an den Fluss angeschlossen sind und dass die Wahl, die wir treffen, Folgen haben kann oder auch nicht. Wenn wir uns von dem Fluss tragen lassen, dann kommen wir nahezu mühelos voran. Wehren wir uns gegen ihn, dann fühlen wir uns so, als befänden wir uns im Kampf mit dem gesamten Universum. »Spielen« wir die Matrix auf angemessene Weise, dann kann sie für uns eine Abkürzung zur Manifestation eines äußerst erfüllten und lohnenswerten Lebens sein.

Wie also »spielt« man die Matrix richtig? Wie war das noch gleich: Wo beginnt Veränderung im Zusammenhang mit den wundersamen Mechanismen der Manifestation? Wir haben herausgefunden, dass sie *mit dem Gedanken an das Endergebnis beginnt.* Und wir haben festgestellt, dass Gedanken die erforderlichen physischen Umstände erzwingen, damit es zu einer entsprechenden Manifestation in unserem Leben kommen kann. Das ist ein deutlicher Wink, uns der *linken Seite* der Matrix zuzuwenden.

Indem man beim Spielen der Matrix links anfängt, setzen sich die notwendigen Konsequenzen rechts auf vollkommene Weise so zusammen, dass sie uns die gewünschten Ergebnisse liefern. Die Flussrichtung von links nach rechts ist der Schlüssel. Von welcher Spalte du auch ausgehst, wenn du Veränderungen manifestieren willst, dann wird alles, was sich rechts von der Spalte befindet *und für die Manifestation erforderlich ist,* ins Spiel geholt und so angeordnet, dass es dir zur Verfügung steht. Der »Gedanke an das Endergebnis« erzwingt die Einzelheiten und Umstände, die der Manifestation zum Durchbruch verhelfen.

Je weiter links du beginnst, desto größer ist der Anteil der rechtsseitigen Inhalte, die du an das Universum delegierst. Je weiter rechts du beginnst, desto weniger delegierst du, einfach deshalb, weil weniger Matrixinhalte übrig sind. Natürlich sind immer nur die Inhalte rechts von deiner gewählten Spalte betroffen, die in direkter Beziehung zu deiner Wahl stehen.

Angenommen, du wünschst dir mehr von der Fülle aus Spalte drei in deinem Leben, was ein ausgezeichnetes Endergebnis ist. Die Mechanismen der Manifestation werden sich lediglich um diejenigen relevanten Einträge in den Spalten rechts davon kümmern, *die neu angeordnet oder forciert werden müssen,* damit du Fülle erfahren kannst.

Wenn also Fülle dein Ausgangspunkt ist, was muss dann rechts von Fülle forciert werden, damit sie sich in deinem Leben manifestiert? Materieller Besitz? Stimmt! Beruf und/oder Arbeit? Nicht zwangsläufig. Möglicherweise erlebst du Fülle anders als über Beruf und Arbeit. Also kann es sein, dass du in diesem Bereich unglücklich bleibst. Stufen des Reichtums? Stimmt! Freundschaften? Kein Bezug. Fülle heißt nicht, dass du viele Freunde haben wirst. Familiäre Harmonie? Kein Bezug.

Auf deinem Weg werden also nur die Bereiche maximal forciert, die für die Manifestation von Fülle in deinem Leben erforderlich sind, sonst nichts. Mit anderen Worten, je weiter links in der Matrix du beginnst, um so mehr von den Einträgen auf der rechten Seite kann das Universum für dich erledigen. Folglich ist Glück, ganz außen auf der linken Seite des Spektrums, das ultimative Endergebnis, denn *alles* andere befindet sich rechts davon. Wählst du Glück, dann überlässt du den Mechanismen des Lebens die Entscheidung darüber, *wie sie die Wies und die Einzelheiten zu deinem Wohl und nach ihrem Gutdünken anordnen.*

Glück ist deshalb das ultimative Endergebnis, weil das Universum als Erweiterung deiner selbst ja weiß, dass du nur dann wirklich glücklich sein kannst, wenn du Fülle, Gesundheit, Freunde, Harmonie in deinen Beziehungen und freudige Zufriedenheit mit deinem Aussehen hast. Damit sich das Glück manifestieren kann, ist es notwendig, dass dir *alles* in den Spalten rechts von Glück – darunter auch die »phantastischen Fünf« – abgenommen wird, *sobald du dich in die entsprechende Richtung in Bewegung setzt.* Das Einzige, was nicht erzwungen werden kann, sind *bestimmte* Menschen am linken Ende des Spektrums. Denn Menschen entscheiden selbst, welche Gedanken sie denken und was sie in ihrem Leben schaffen wollen. Falls deine Wünsche mit den ihren zusammenfallen, dann ist es dir durchaus möglich, sie zu beeinflussen. Decken sich eure Wünsche jedoch in keiner Weise, *dann werden schon bald andere Personen in dein Leben treten,* bei denen es Übereinstimmungen gibt, vorausgesetzt, du bestehst nicht auf bestimmten Personen.

Glück ist das ultimative Endergebnis, aber ich weiß, wie schwer wir es damit haben. Zuerst einmal fühlt man sich von diesem ernüchternden Gefühl erfasst: »Toll, und wenn das dann alles ist? Wenn ich zwar glücklich bin, aber dabei pleite, krank und einsam bleibe?« Unmöglich! Man kann nicht *wirklich* glücklich sein, wenn man zugleich pleite, krank oder einsam ist. Konzentriere dich auf tiefes, wahres Glück und bleibe deinem Endergebnis treu, indem du auf der Grundlage der bisherigen und noch kommenden Vorschläge handelst. Dann wird alles andere in deinem Leben von selbst an seinen Platz fallen, damit du diese ätherische Emotion im Dschungel von Zeit und Raum manifestieren und erleben kannst. Wenn es Glück ist, auf das du dich eingeschworen hast, dann kann es nur dann wahr werden, wenn sich alle Aspekte deines Lebens in vollkommener Harmonie zusammenfügen.

Doch weil es dir Spaß macht, Materie zu manipulieren, und du ein verspielter Otter des Universums bist, solltest du dich unbedingt mit der dritten Spalte befassen und den Aspekten der »phantastischen Fünf«, die dich ansprechen, besondere Aufmerksamkeit schenken. Dir muss nur klar sein, wenn du einem Eintrag in der dritten Spalte dein ausschließliches Interesse widmest, dann wird das keinen Einfluss auf die anderen Bereiche deines Lebens haben, in denen es nichts zu forcieren gibt, damit es hier zur Manifestation kommt. Allerdings wird dies nicht zwangsläufig zur

Vergrößerung deines Glücks beitragen, da es in dieser Matrix keinen Fluss von rechts nach links gibt.

Im althergebrachten Sinne

Was glaubst du, an welcher Stelle steigen die meisten Menschen in die Matrix ein, wenn sie Veränderungen in ihrem Leben manifestieren wollen? Genau, auf der rechten Seite! Tatsächlich will die Mehrheit die Matrix in der letzten Spalte am äußersten rechten Spektrum spielen: Physisch – Typ 3. Ihr lebenslang praktizierter Ansatz bei der Manifestation von Veränderung besteht darin, möglichst andere Menschen zu verändern! Jede Hoffnung, die sie hervorbringen, hängt am Verhalten irgendeines anderen Menschen. Sie glauben tatsächlich, *erst wenn* alle anderen sich ändern, kann ihr Leben richtig losgehen. *Dann erst* werden sie den richtigen Job finden, die richtige Investition tätigen und auf die richtigen Umstände treffen. Zu Hause und bei der Arbeit wird alles leichter sein, der Reichtum wird ihnen zu Füßen gelegt, und letztendlich werden sie glücklich sein.
Aber die Energie in der Matrix fließt nun einmal nicht von rechts nach links! *Nicht Dinge werden Gedanken, sondern Gedanken werden Dinge!* Diese Leute haben das Pferd falsch herum aufgezäumt. Es ist so, als würdest du alle Eier in einen Korb legen, nur leider gehört dir der Korb nicht! Unter diesen Umständen darfst du kaum auf halbwegs beständigen Erfolg hoffen. Und selbst wenn es dir gelingt, die Leute dazu zu kriegen, dass sie das tun, was du willst, auf der linken Seite der Matrix kommst du dadurch keinen Schritt voran! Du erreichst weder dein Glück, noch Erfüllung, Zutrauen oder sonst irgendetwas. Was bringt es dir, wenn Rocco dir wirklich öfter Blumen schickt? Welchen positiven Einfluss hat das auf deine Gesundheit, deinen Beruf, deine

innere Klarheit, deine äußere Erscheinung oder dein Lebensglück als Ganzes? Keinen!

Vielleicht gelingt es dir ja sogar, deinen Chef zu einer Gehaltserhöhung zu überreden. Doch wenn du dich nicht für Fülle oder Glück in deinem Leben geöffnet hast, dann wird die Gehaltserhöhung mit großer Wahrscheinlichkeit zur einen Tür hereinflattern und zu einer anderen wieder hinausschlüpfen. Ganz »zufällig« wird dann beim Auto eine größere Reparatur anstehen, oder die Waschmaschine geht kaputt, oder deine Miete wird erhöht.

Es ist überaus wichtig zu begreifen, dass es in der Matrix eine Flussrichtung gibt. Deshalb heißt es in der untersten Zeile auf der linken Seite: Umstände (vom Universum gehandhabt). Das bedeutet, wenn du auf der linken Seite in die Matrix einsteigst, dann kümmert sich das Universum um die Umstände – die *Wies* –, die deine Manifestationen herbeiführen. Alles, was sich rechter Hand von deinem Endergebnis befindet und *erforderlich für seine Manifestation ist,* wird für dich auf die nur denkbar harmonischste Weise arrangiert, und du erfährst endlich, wie unglaublich mächtig du eigentlich bist. Beginnst du hingegen auf der rechten Seite der Matrix mit der Manifestation großer Veränderungen in deinem Leben, dann heißt es dazu in der untersten Zeile: *verflixte Wies* (von dir gehandhabt). Mit anderen Worten, du willst Veränderungen bewirken, indem du bei den Illusionen anfängst, weil du irrtümlich glaubst, dass du durch eine Umstellung der Requisiten auf deiner Bühne immer größere Ziele und schließlich das Glück erreichen kannst. Doch jeder auf diese Weise erreichte Erfolg wird nur von kurzer Dauer sein.

Matrix oder herkömmliche Weisheit?

Wunschmandalas und Einklebebücher

Wie gesagt, ich habe den Inhalt dieses Buches bereits als Vortrag überall auf der Welt gehalten. Insofern ist mir durchaus klar, wie viel davon auf den ersten Blick im Widerspruch zu den allgemein akzeptierten Vorstellungen von der bewussten Manifestierung von Veränderungen zu stehen *scheint*. Eine Dame in Texas fragte mich: »Mike, ich habe zu Hause ein Wunschmandala mit lauter Bildern von Dingen, die aus den letzten drei rechten Spalten der Matrix stammen. Versuche ich, das Pferd von hintenherum aufzuzäumen?« Nicht zwangsläufig.

Auch ich habe bei mir zu Hause ein Wunschmandala, außerdem habe ich zwanzig Jahre lang mit Einklebebüchern gearbeitet. Sie beide dienen mir, weil ich hier Bilder und Zitate sammeln kann, die mich inspirieren, mich in Gedanken mit meinem erträumten Leben zu beschäftigen. Es sind großartige Hilfsmittel.

Die Nützlichkeit von Wunschmandalas (und/oder Einklebebüchern) hängt davon ab, wie du die dort abgebildeten Dinge siehst. Sind sie das A und O deines Glücks, oder sind es genau die abgebildeten »Dinge«, die du haben willst, genau *das* Auto oder *dieses* Haus an der Steilküste? Wenn Letzteres zutrifft, dann wurstelst du mit den *verflixten Wies* herum. Das *Festhalten* an Einzelheiten, das ist es, was Probleme schafft.

Allerdings bin ich der Meinung, dass wir instinktiv wissen, auf welche Weise Wunschmandalas richtig eingesetzt werden. Ein Wunschmandala erhöht den Energiepegel und die Aufregung, die wir angesichts einer *größeren, umfassenderen* Lebensvision empfinden, zu der allgemeines Glück, umfassende Fülle und übergreifende Harmonie gehören. Die Einzelheiten auf dem Wunschmandala sollten *nicht* das Allerwichtigste sein. Sie sind lediglich eine Erinnerung an das erfülltere Leben, das du eigentlich anstrebst – Katzengold, wenn du so willst, oder nur der Zuckerguss auf einer Torte. Solltest du dein Wunschmandala oder dein Einklebebuch auf diese Weise zum Einsatz bringen, nur weiter so. Auf diese Weise spielst du die Matrix richtig.

Mach dir klar, dass sich nichts, was du in dein Wunschmandala einfügen könntest, mit einem allumfassenden Glück vergleichen lässt – nicht einmal dann, wenn es sich um etwas aus der Riege der »phantastischen Fünf« handelt. Ein neues Auto, wie ausgefallen es auch sein mag, kommt auch nicht annähernd an umfassende Fülle heran. Ein zusammengeklebtes Bild von dir mit Thomas Gottschalk auf dem Sofa bedeutet nichts im Vergleich zu einer bereichernden, erfüllenden Berufstätigkeit. Ein Foto, das dich mit lachenden und lächelnden Menschen zeigt, kann sich nicht mit wahrer, beständiger Freundschaft messen. Diese Abbildungen sind blass im Vergleich zu dem, was sie als Stellvertreter deines größeren Lebens andeuten *sollten*. Die überragende Bedeutung kommt dem größeren Leben zu. Alle aus ihm folgenden Einzelheiten oder Konsequenzen werden sich von allein ergeben. Das entsprechende Auto und Zuhause, der richtige Freundeskreis und der passende Beruf werden nach und nach auf die Bühne treten, sobald sie von der größeren, umfassenderen Vision forciert werden (verbunden mit deinem Handeln in deren ungefähre Richtung).

Damit will ich dich nicht daran hindern, dich mit Einzelheiten zu beschäftigen; ich sage nur, *klammere dich nicht an ihnen fest! Wie* du die Bilder auf deinem Wunschmandala oder in deinem Einklebebuch siehst, entscheidet darüber, ob du die Matrix auf die richtige Art und Weise spielst.

Klammere dich nie an das Ergebnis!

Die zweite Frage, die mir aus dem Publikum oft gestellt wird (und die sich vielleicht jetzt gerade auch in deinem Kopf formt), ist verbunden mit dem häufig geäußerten Rat: »Klammere dich nie an das Ergebnis!« Anders ausgedrückt, *verschreibe dich nie auf Teufel komm raus dem Endergebnis.* Hast du das schon einmal irgendwo gehört? Ich bin sicher, das hast du. Bei dieser Aufforderung handelt es sich tatsächlich um einen guten Rat, doch scheint er das genaue Gegenteil von dem zu verlangen, was ich dir empfehle: Beginne mit dem Gedanken an das Endergebnis.

Lass mich dir folgende Frage stellen: Welche Art Endergebnisse benennen die Menschen am häufigsten? Auf welche Ergebnisse fixieren sich die meisten Menschen? Genau! Auf solche, die sich in der äußersten rechten Spalte der Matrix befinden! Die meisten wünschen sich bestimmte Personen oder halten besonders stark an Zeit, Ort oder bestimmten materiellen Dingen fest. Und eben weil die meisten Menschen genau an diesen Dingen festhalten, wenn es um Endergebnisse geht, ist es ein guter Ratschlag, sich nicht auf Endergebnisse zu fixieren.

Doch wir sind in diesem Kapitel bereits so weit fortgeschritten. Wir wissen, dass unsere Endergebnisse immer allgemein gehalten sein sollen. Im Idealfall handelt es sich um Glück, aber keinesfalls um etwas Präziseres als die »phantastischen Fünf«, die da sind: Auskommen, Fülle, Gesundheit, Beziehungen und Aussehen. Und dann: *festhalten, festhalten, festhalten!* Wie sonst solltest du Veränderung erwarten können, wenn du dich nicht auf sie konzentrierst, auf ihr beharrst, dich an ihr festklammerst und in ihre Richtung marschierst? Als geborene Schöpfer sind wir verpflichtet, und es liegt in unserer Verantwortung, zu wählen, was wir uns und für unser Leben wünschen. Jedoch nur in allgemeine Begriffe gefasst und ohne uns und die Prinzipien des Universums einzuschränken, indem wir auf unwichtigen Details oder den *verflixten Wies* bestehen.

Andere unterstützen

Eine Sache möchte ich noch klarstellen: Die sechs Spalten der Matrix enthalten *absolut alles und jedes aus dem gesamten Spektrum der Wirklichkeit*. Beispielsweise *könntest du dich dafür entscheiden,* dass dein Chef dir eine Gehaltserhöhung gibt *und* dass dein Kind glücklich ist. Ich habe nicht behauptet, dass du dir bei deiner Wahl irgendwelche Schranken auferlegen musst, nicht einmal in der ganz rechten Spalte, aber mir ist wichtig, dass du weißt, wie der Fluss der Matrix funktioniert – wie Manifestationen sich auf andere Träume und Endergebnisse auswirken oder auch nicht. Ich möchte, dass du weißt, was geschieht, wenn du bestimmte Knöpfe drückst (also, wohin du deine Aufmerksamkeit richtest) und welche Folgen wahrscheinlich oder auch unwahrscheinlich sind.

Wenn du dein eigenes Glück visualisierst, dann ist alles andere in deinem Leben deinem Glück untergeordnet und erledigt sich von selbst. Falls du dir jedoch für den kleinen Hans Glück wünschst, dann sind *deinen* Wünschen Grenzen gesetzt, denn der kleine Hans hat seine eigenen Absichten, Wünsche, Sehnsüchte, Bestrebungen, Gedanken und Überzeugungen. Und auch wenn du Erfolg hättest und das Glück des kleinen Hans dein *einziges* Lebensziel wäre, so kann dein eigenes Glück von seinem vollkommen unberührt bleiben. Das bedeutet im Übrigen nicht, dass du nicht versuchen sollst, deinen Kindern dabei zu helfen, ihren Platz im Leben zu finden (mit der Unterstützung deiner Gedanken und anderer Mittel), und auch nicht, dass du ohne

Einfluss sein musst. Außerdem ist der Wunsch, positiven Einfluss auf seine Kinder zu nehmen, etwas vollkommen anderes als der Versuch, andere Menschen für das Manifestieren der eigenen Endergebnisse zu instrumentalisieren.

Dennoch wirst du, wenn du das Glück anderer Menschen visualisierst, ihnen, wer immer sie auch sind, nur dann helfen, *wenn sie offen für deine Hilfe sind.* Auf wen immer sich gute Gedanken auch richten, sie werden empfangen und verstanden. In gewisser Weise ist es so, als verschicktest du einen Liebesbrief, also tu es. Mach dir lediglich klar, dass es ganz und gar ihnen überlassen bleibt, ob sie dein Brieflein nun öffnen oder nicht und ob sie positiv darauf reagieren oder nicht. So gesehen ist es besser, das eigene Glück nicht an der Manifestation der Wünsche für andere festzumachen.

Du schaffst das!

Hier kommt eine einfache kleine Übung, die dir helfen soll, besser zwischen deinen allgemeinen und deinen konkreten Wünschen zu unterscheiden und die Bedeutung dieses wichtigen Unterschieds zu erfassen. Nutze dafür bitte die folgende Tabelle als Vorlage für deine eigene Tabelle auf einem Blatt Papier. Wähle den Bereich aus den »phantastischen Fünf«, den du gerne verändern würdest. Dann schreibe in einer Liste auf, welche freudigen Konsequenzen und Einzelheiten dir das erfolgreiche Zustandekommen dieser Veränderung einbringt.

Übrigens bin ich von den Teilnehmern meiner Veranstaltungen darauf aufmerksam gemacht worden, dass das Wort »Konsequenz« negativ besetzt ist. Mir geht es nicht um *nega-*

tive Konsequenzen. Ich verwende den Begriff, um damit die *Nebenprodukte* der Veränderung zu bezeichnen. Wir wollen die rechte Seite der Tabelle nutzen, um dein Leben hinsichtlich der Konsequenzen zu definieren, die folgen, wenn du Veränderungen in dem von dir gewählten Bereich der »phantastischen Fünf« erfolgreich bewirkst. Hier darfst du endlich in Details schwelgen und so viele aufschreiben, wie dir nur einfallen, denn *Details sind gut!* Sie sind *ideal* geeignet, um sich emotional für die angestrebten großen Lebensveränderungen zu begeistern. Nur an ihnen festklammern wollen wir uns nicht oder, was noch schlimmer wäre, die großen Lebensveränderungen unbewusst durch sie ersetzen.

Schreib in der rechten Spalte außerdem auf, wie du dich fühlen wirst, wenn die aufgeführten Veränderungen zustande kommen, und notiere alle materiellen »Dinge«, die du nach ihrer erfolgreichen Manifestation in deinem Leben haben wirst. Die Detailliste sollte wenigstens ein Dutzend Punkte lang sein, und falls du dich nicht bremsen kannst und dir die Sache Spaß macht, dann darf die Liste gerne auch länger sein.

Mit dieser Übung möchte ich drei Dinge erreichen. Erstens sollst du lernen, zwischen dem Allgemeinen und dem Konkreten zu unterscheiden, und verstehen, was ich mit »Konsequenzen« meine. Solche Konsequenzen treten immer erst in Erscheinung, *nachdem* du bewusst eine größere, allgemeinere Veränderung manifestiert hast. Sie haben niemals etwas damit zu tun, *wie* du Veränderungen herbeiführst, noch beinhalten sie Details ihres Zustandekommens. Betrachte die Zeit *nach* der Veränderung und stell dir dein Leben vor, *nachdem* du bereits Fülle hast, die neue Beziehung, das anmutige Aussehen oder was immer von den »phantastischen Fünf« du zu Beginn der Übung ausgewählt hast. Mir geht es darum, dass du dich wirklich in die Welt deiner Endergebnisse hineinbegibst, so als ob die Veränderung bereits abgeschlossen wäre.

Übung: Die Details ergründen

Ein Bereich aus den »phantastischen Fünf«	Konsequenzen und Details, die sich aus erfolgreicher Veränderung ergeben:
_____	_____
	_____
	_____

Zweitens möchte ich mit der Übung zeigen, dass die Flussrichtung immer von den allgemeinen Endergebnissen hin zu den Details und Konsequenzen verläuft. Allgemein gehaltene Endergebnisse lassen den Konsequenzen unendlich viel Spielraum. Wahrscheinlich könntest du mit deinen Details viele Seiten füllen, denn die bereits genannten Details ermöglichen ja viele weitere. Die Flussrichtung _vom_ großen Ganzen _hin zum_ Detail gilt für alle Manifestationen in Zeit und Raum. Nicht nur macht grundsätzlich das Allgemeine das Konkrete möglich, _in die umgekehrte Richtung kommt überhaupt kein Fluss zustande._
Wenn du beispielsweise diese Übung mit Details wie einem Ferrari, einer Jacht und einer Ferienwohnung auf Hawaii begonnen hättest, dann bedeuten diese Details nicht zwangsläufig, dass du wirklich wohlhabend bist. Schließlich könnten diese »Dinge« mit Schulden belastet oder aber dein _einziger_ Besitz sein! Außerdem solltest du dir darüber klarwerden, dass du dir eigentlich ganz allgemein finanzielle Unabhängigkeit wünschst (falls es dieser Bereich war, für den du dich entschieden hast). Sonst könnte es nämlich sein, dass du finanzielle Unabhängigkeit gar nicht in Betracht ziehst und dich folglich auch nicht darauf konzentrierst, sie zu erlangen.

Und drittens möchte ich zeigen, wie groß der Bedeutungs-unterschied zwischen dem Allgemeinen und dem Bereich der Details und Konsequenzen ist. Du darfst mich gerne berichtigen, wenn ich mich irre, aber was du willst, ist doch, diesen großen allgemeinen Bereich aus den »phantastischen Fünf« umfassend zu verändern, oder? Eine einzelne Konse-quenz oder ein Detail alleine kann dir doch nicht annä-hernd so wichtig sein. Kannst du erkennen, welcher Unter-schied zwischen beiden besteht? Ich bin sicher, wenn du deine Liste mit den Details und Konsequenzen aus der Übung noch einmal durchgehst, dann könntest du pro-blemlos eine ganze Seite in den Müll schmeißen und sie durch eine Liste mit mindestens ebenso befriedigenden Punkten ersetzen. Die meisten Menschen, die erkennen, dass sie über die Macht der Manifestation verfügen, stürzen sich gleich auf ein konkretes Auto, eine bestimmte Diät, ein bestimmtes Haus oder einen bestimmten Job. Sie verlieren den Blick für das Gesamtbild. Und sie treten ihre Hand-lungsgewalt an andere ab, weil sie fälschlicherweise annehmen, sie brauchen nur genug kleine Erfolge zu sammeln, und dann ergibt sich der Rest von selbst. Doch wenn man dem Allgemeinen, dem großen Ganzen niemals Aufmerk-samkeit schenkt und keinen Gedanken daran »verschwendet«, dann ist das Projekt fast von Anfang an todgeweiht.

Die Details ergründen

Aus inzwischen einleuchtenden Gründen habe ich mich im bisherigen Verlauf des Kapitels damit beschäftigt, deine Aufmerksamkeit fort von den unwichtigen Details und hin zu den ungleich wichtigeren und umfassenden allgemeinen

Veränderungen zu lenken. Falls ich damit erfolgreich war, habe ich möglicherweise zum Entstehen einer neuen, wenngleich nur vorübergehenden Herausforderung beigetragen: Wie soll ich Begeisterung für etwas scheinbar so Unbestimmtes wie mehr Glück, größere Fülle oder Zufriedenheit über mein Aussehen aufbringen?

Die Antwort lautet: Indem du die Details ergründest oder die eben definierten Konsequenzen, die sich mit deinem bevorstehenden Erfolg in der allgemeinen Kategorie einstellen werden. Mit gutem Grund habe ich ja bereits im Verlauf der letzten Übung erklärt: *Details sind gut!* Sie schaffen Klarheit und erleichtern die Fokussierung. Sie helfen dir, genau zu schmecken, spüren, hören, riechen und fühlen, was das Universum für dich bereithält. Der Unterschied besteht darin, dass wir uns nicht mehr an Details festklammern oder auf ihnen beharren.

Inzwischen können wir also zwischen wichtig und unwichtig unterscheiden. Außerdem habe ich dir gezeigt, wie du die Details deines allgemeinen Erfolgs ergründen kannst. So wollen wir nun diese Details nutzen, um uns deinen voraussichtlichen Erfolg im großen Ganzen *vorzustellen*. Der Einsatz deiner Vorstellungskraft als ein Mittel, um deine Träume zu verwirklichen, sollte für dich keine Herausforderung mehr darstellen. Schließlich weißt du mittlerweile, dass *Gedanken werden Dinge* das A und O des Zusammenspiels von Zeit und Raum ist. Insofern brauchst du eigentlich nur ganz wenig zu tun, um ein Höchstmaß an phantastischen Lebensveränderungen herbeizuführen: die Übung der Visualisierung. Lass dich nicht irritieren, falls das für dich nach Muschibubu klingt.

Die Visualisierung der Details erfolgt auf dem gleichen Weg wie die Verwendung von Wunschmandalas und Einklebebüchern. Doch weder die aufgeklebten Fotos noch die vorgestellten Bilder in deinem Kopf sind der eigentliche Kern der Übung. Eine intensive Betrachtung der Fotos und die Visualisierung der Bilder in deinem Kopf sind nur dann sinnvoll, wenn sie in dir Begeisterung für *das große Ganze* auslösen – für dein insgesamt erfüllteres und lohnenswerteres Leben. Solange du dich nicht an den Details festklammerst oder sie nicht in Endergebnisse verwandelst, erzeugt die Visualisierung lediglich eine Form, die dann die Elemente von Zeit und Raum alsbald mit den perfekten Details füllen. Diese werden zum genau richtigen Zeitpunkt und auf die harmonischste Weise in dein Leben treten, während du dich auf dem Weg in die ungefähre Richtung zur Erfüllung deiner allgemeinen Endergebnisse befindest.

Richtlinien für die kreative Visualisierung

Nachfolgend stelle ich dir sechs Richtlinien vor, an die ich mich halte, wenn ich durch Visualisierung Details ergründe. Es handelt sich nicht um Regeln, die strikt zu befolgen sind. Du kannst dir eigene Leitlinien ausdenken oder deine eigenen Muster und Gewohnheiten entwickeln. Für mich sind sie jedoch hilfreich. Trotzdem mache ich oft Ausnahmen, und das kannst du auch. Die Übung basiert einfach auf *Gedanken werden Dinge,* und das ist im Grunde die einzige echte Regel, die es gibt.

1. Visualisiere einmal täglich.
Einmal täglich, mehr ist nicht nötig. Selbstverständlich kannst du beglückende Gedanken auf dem Weg zur Arbeit oder abends beim Einschlafen denken, und dann und wann könntest du sogar an einem Tag auch noch ein zweites und

drittes Mal visualisieren. Doch alles in allem solltest du es bei einmal täglich belassen.

Ich bin vielen Menschen begegnet, die noch nie zuvor in ihrem Leben visualisiert haben. Doch kaum haben sie von der Technik erfahren, wollen sie sie siebenundvierzig Mal am Tag anwenden! Sie meinen, wenn einmal gut ist, dann müssen hundert Mal noch viel besser sein. Wenn du es jedoch übertreibst, dann besteht die Gefahr, dass du dein für die Zukunft erträumtes Leben zu sehr mit deinem gegenwärtigen vergleichst und dass du dich vom Unterschied zwischen beiden überfordert fühlst. Außerdem könnte dich die Entfernung, die du scheinbar noch zurücklegen musst, entmutigen. Möglicherweise ist deine Entmutigung sogar so groß, dass du das Visualisieren vollständig aufgibst. Wenn du zu häufig visualisierst, befindest du dich unablässig in irgendeiner zukünftigen Welt. Dadurch verlierst du den Blick auf das, was du bereits erreicht hast. Tu dir das nicht an. Visualisiere einmal täglich und lass es gut sein.

2. Visualisiere nie länger als fünf bis zehn Minuten am Stück.

Wenn du länger visualisierst, dann schweifst du ins Tagträumen ab und wirst dich über dich selbst ärgern. Du wirst dich selbst beschimpfen, dich fragen, ob du eine Aufmerksamkeitsstörung hast, und den falschen Schluss ziehen, dass Visualisierung bei dir nichts bringt. *Doch diese Technik bringt auch dir etwas,* und sie fällt leicht. Beschränke dich auf fünf bis zehn Minuten täglich. Ich selbst visualisiere jeden Morgen vor der Arbeit nur vier Minuten lang.

3. Stell dir jedes nur denkbare Detail vor.

Erzeuge vor deinem inneren Auge kreativ ausgefeilte Szenen, die dein verändertes Leben darstellen. Stell dir den Anblick vor, Klänge, Farben, Beschaffenheiten und Geschmack.

Sorge dafür, dass die Bilder in deinem Kopf so lebendig und real wie möglich sind. Damit meine ich natürlich *keinesfalls,* dass du dich an diesen Details festklammern und glauben sollst, *sie* seien der Fluss, der dein Leben grundlegend verändert. Nutze sie lediglich, um deine Begeisterung für all die unglaublichen Veränderungen anzufachen, die sich bald in deinem Leben ereignen werden. So zum Einsatz gebracht, sind Details wertvoll, ja sogar unbezahlbar.

4. Empfinde die zugehörigen Emotionen.

Erlebe das Leben, von dem du träumst, und *empfinde* dabei das, was zu empfinden du erwartest. Spüre die Freude, das Zutrauen, die Zufriedenheit. Ganz egal, wie lächerlich es dir auch vorkommen mag, wenn du in deinem dunklen und ruhigen Zimmer laut »Hurra, hurra, hurra!« schreist, tu es trotzdem! Wie sehr wünschst du dir die Erfüllung deiner Träume? Wahrscheinlich ist dein Wunsch so stark, dass du es dir sogar gestattest, ein bisschen »albern« zu sein, wenn du ihn in der Zurückgezogenheit deiner eigenen vier Wände visualisierst.

Emotionen sind der Turbomotor der Veränderung; unsere Emotionen laden die mit ihnen verbundenen Gedanken auf. Diese zusätzliche Aufladung überwältigt deine anderen konkurrierenden (oder vielleicht sogar widersprüchlichen) Gedanken und zieht äußere Umstände an, die die Manifestation deines großen Traums unterstützen. Jedem, der in seinem Leben entscheidende Veränderungen in Gang bringen will, sage ich, dass er mit einem Visualisierungsprogramm den Anfang machen muss. Wer diese Veränderungen dazu auch noch *rasch* in Gang setzen will, dem rate ich, *mit Emotionen* zu visualisieren.

Nebenbei bemerkt, viele meiner Vortragsteilnehmer haben mir gestanden, dass sie unfähig sind, Details zu visualisieren. Sie erklären mir, dass ihr Kopf das einfach nicht bringt, und sie fragen sich sogar, was es ist, das die anderen »sehen«. Falls du auch zu dieser Gruppe gehörst, dann bist du vielleicht sogar im Vorteil. Denn das Allerwichtigste, was man in seine mentale Bildergalerie aufnehmen kann, sind nicht die physischen Details irgendwelcher »Dinge«, sondern die dazugehörigen Emotionen. Lass ruhig alle physischen Einzelheiten unter den Tisch fallen. Spüre stattdessen einfach die Freude. Dadurch bringst du nämlich die Sache wirklich auf den Punkt. Du umgehst alle *verflixten Wies* und lässt dem Universum den größtmöglichen Spielraum, um die Einzelheiten auszutüfteln, die dieses Lächeln auf dein Gesicht zaubern – *genau das Lächeln, das beim Visualisieren dein Gesicht erstrahlen ließ.*

5. Sieh dich selbst in deiner Visualisierung.
Du musst Bestandteil des Bildes sein, wenn du willst, dass deine Manifestation sich auf dich bezieht. Wir wollen zum Beispiel annehmen, dass eines der Details, die du visualisierst, ein neues Auto ist. Unmittelbar, bevor du die Augen schließt, sieh dir deine Handrücken an. Deine Hände unterscheiden sich von den Händen aller anderen Menschen: Deine Finger, Fingernägel, Härchen, Runzeln und sogar die Ringe, die du trägst, sind unverwechselbar. Visualisiere, wie sich *deine Hände* um das Lenkrad des Fahrzeugs legen, das zu fahren du dir wünschst.

Wie wichtig es ist, sich selbst ins Bild einzufügen, wurde mir bestätigt, als eine Frau mir schrieb: »Mike, ich habe Schwierigkeiten mit dem Visualisieren. Ich wünsche mir diesen neuen VW Käfer im Retrodesign, saphirblau.« Und natürlich antwortete ich ihr, dass dieser Wunsch dem Universum keine Mühe bereiten sollte. Außerdem fahren da draußen jede Menge Autos dieses Fahrzeugtyps umher. So dürfte es ihr kaum schwerfallen, den Wagen zu visualisieren. »Mike, du hast mich falsch verstanden«, schrieb sie zurück.

»Ich wurde kürzlich in einen Autounfall verwickelt.« (»Ach du Schreck«, dachte ich.) »Jemand ist mir hinten aufgefahren. Es war ein saphirblauer VW Käfer im Retrodesign.« Aha! »Und, Mike, das ist erst die halbe Geschichte. Heute Morgen …« (fast konnte ich schon das Schluchzen zwischen ihren Worten hören) »… habe ich beobachtet, wie meine Nachbarin mit ihrem brandneuen saphirblauen VW Käfer im Retrodesign zur Arbeit fuhr!«

Und die Moral von der Geschicht'? Achte darauf, dass *du selbst* Bestandteil deiner Visualisierung bist. Und weil wir schon gerade dabei sind, klebe Bilder, auf denen du lächelst und glücklich bist, in dein Wunschmandala und in dein Einklebebuch. Du visualisierst, um *dein* Leben zu verbessern – also komm auch darin vor!

Spüre deine Zehen im Sand des Strandes und deine Hand in der des anderen, wenn ihr zusammen in einer mondklaren Nacht spazieren geht. Rieche den Duft der Szene, die du dir vorstellst, vielleicht das Salz in der Luft oder den Rauch des Lagerfeuers. Und, um es nicht zu vergessen, spüre die Freude. Schließlich wünschst du dir in Wirklichkeit nichts anderes als Glück. Außerdem machen dich deine Emotionen automatisch zum Bestandteil deiner Visualisierung.

6. Geh vom Endergebnis aus.

Schon wieder ein guter Anlass, das zu wiederholen, was ich schon viele Male gesagt habe: Lass die Finger von den *verflixten Wies*. Wenn du visualisierst, begib dich ohne Umwege zum Ziel, an dem du dich in deinem *bereits verwirklichten* Traum siehst. Beschäftige dich nicht damit, wie dein Traum wahr werden wird! Die *verflixten Wies* sind das Verderben unserer primitiven Existenz. Uns allen wurde von Kindesbeinen an beigebracht, dass wir uns nur ja mit den *Wies* beschäftigen *sollen* und dass es verantwortungslos ist, es nicht zu tun. Doch es verhält sich genau umgekehrt. Das

Herumwursteln mit den *verflixten Wies bremst uns aus*. Es bindet dem Universum die Hände und veranlasst uns zu dem Irrglauben, das Gewicht der Welt auf unseren Schultern tragen zu müssen.

Übrigens, falls du dich fragst, wie man sich denn bitte schön »in ungefährer Richtung auf die Verwirklichung seiner Träume zubewegen« soll, ohne mit den *verflixten Wies* herumzuwursteln: Mit diesem Thema beschäftigen wir uns ausführlich im fünften Kapitel. Im Augenblick befassen wir uns erst einmal mit Visualisierungen. Und wenn du visualisierst, dann denk nicht einmal daran, an etwas anderes zu denken.

Gruß vom Universum

Hast du gewusst, dass hier jedes Mal Hebel umgelegt werden, wenn du gerade einen neuen Gedanken fasst, wie flüchtig er auch sein mag? Dass Knöpfe gedrückt, Schalter betätigt, Fahnen ausgerollt, Räder in Gang gesetzt, Hüte geschwenkt, Engel ausgeschickt, Verbindungen hergestellt und Polonaisen getanzt werden?
Als Vorprogramm.
Was geschieht, wenn du visualisierst, würdest du mir ohnehin nie glauben.
Genau, jede Menge.
Das Universum

Extratipps

Zum Abschluss des Kapitels möchte ich dir noch ein paar zusätzliche Tipps geben, die sich während der zwei Jahre, in denen ich nun schon Vorträge über die »Matrix der Wunscherfüllung« halte, herauskristallisiert haben.

Wiedersehen mit den Emotionen

Es würde mich nicht überraschen, wenn ich eines Tages Workshops zum Thema Emotionen abhalten würde, denn die Emotionen sind nicht nur die Juwelen aller Abenteuer in Zeit und Raum, sondern auch unser mächtigster Verbündeter, wenn es darum geht, die Manifestation unserer Gedanken zu beschleunigen. Emotionen sind ein Thema, zu dem man nie zu viel sagen kann. Denn wenn man ehrlich ist, dann will jeder, der sich bessere Gesundheit wünscht oder mehr Freunde oder üppige Fülle, nur sein *Glück* vergrößern. Im Grunde sind alle anderen Dinge, die man sich für sein Leben nur wünschen könnte, nichts anderes als die *verflixten Wies* des Glücks. Warum also sollte man all diese Details nicht einfach überspringen und gleich Glück visualisieren?

Und wie ich schon gesagt habe, brauchst du nicht zu fürchten, auf all die wunderbaren materiellen Annehmlichkeiten verzichten zu müssen oder dass materielle Dinge nun keine Rolle mehr spielen, nur weil du den Knopf für allumfassendes Lebensglück gedrückt hast. Das Gegenteil ist der Fall. Ich habe dir geraten, diesen Knopf zu drücken, ja gerade weil materielle Dinge *einfach toll* sind und du *alles* verdienst, was du dir nur vorstellen kannst. Am schnellsten holst du diese materiellen Dinge in dein Leben, indem du dich auf

Freude konzentrierst und sie visualisierst. Ob du die Freude nun mit oder ohne materielle Details visualisierst, auf jeden Fall teilst du dem Universum unmissverständlich mit, was du wirklich willst.

Ich erinnere mich gut daran, wie es war, als ich Rhonda Byrne kennenlernte, die Schöpferin, Produzentin und Visionärin von *The Secret*. Ich fragte sie, noch bevor sie mit dem Drehen begonnen hatte, was ihr *The Secret* bedeutete und welches Ziel sie mit dem Film verfolgte. Rhonda antwortete, sie wolle ihr Wissen um das Gesetz der Anziehung öffentlich machen und »Milliarden Menschen Freude schenken«. Wenn das nicht ein ideales Endergebnis ist! Nicht, weil es selbstlos wirkt (ich sehe wenig Sinn in selbstlosen Zielen), sondern weil es von Anfang an *ätherisch* und alles andere als physisch war. Freude für Milliarden Menschen.

Nur wenige Menschen wissen, dass es kein Drehbuch für *The Secret* gab. Es wurde nicht einmal darauf bestanden, wer wann was zu sagen hatte. Es gab nicht einmal Vorgaben dazu, wer interviewt werden sollte. Jeder »Lehrer«, der sich schließlich vor der Kamera wiederfand, konnte ein bis vier Stunden lang all das zum Gesetz der Anziehung und der Macht der Gedanken sagen, was er mitteilen wollte. Wenn das kein großer Zeitraum ist!

Nachdem Rhonda und ihr Redaktionsteam ungefähr hundertfünfzig Stunden auf Band aufgenommen hatten, fügten sie die Aufnahmen der einzelnen Sprecher intuitiv zusammen und verkürzten das Ganze auf absolut überzeugende zweiundneunzig Minuten. Hätten sie auf einem Drehbuch oder auf bestimmten Details bestanden, hätten sie damit nicht nur den letztendlichen Wert der Produktion aufs Spiel gesetzt, sondern auch den Erfolg von Rhondas Endergebnis, nämlich Milliarden Menschen Freude zu bringen.

Mir gefällt diese Geschichte, weil sie zeigt, dass man nicht an Fülle denken muss, um Fülle zu erhalten, nicht an Gesundheit, um Gesundheit zu erhalten, nicht an gute Beziehungen, um gute Beziehungen zu erhalten. Wenn du an Glück denkst, dann schließt du alles andere mit ein. Du setzt voraus, dass für alles andere in deinem Leben ebenfalls gesorgt wird. Und damit bleibt dem Universum genug Platz, um dich auf jede nur erdenkliche Weise zu erschüttern und zu erfreuen, Tag für Tag, Woche für Woche, dein Leben lang. Du musst also nicht konkret werden, um etwas Konkretes zu erleben. Somit hast du genug Gelegenheit, dich dann überraschen zu lassen, wenn dein Fokus emotional ausgerichtet ist. Das Universum weiß genau, was du dir wünschst. Obendrein kennt es den schnellsten und leichtesten Weg, um die Details und Umstände für dein Glück zusammenzubauen. Sei also auf Überraschungen gefasst.

Gruß vom Universum

Das Drehbuch für die beste und aufregendste Zeit deines Lebens ist fast abgeschlossen. Wir freuen uns für dich … gut gemacht! Es enthält Freunde und Lachen, Reichtum und Fülle, Gesundheit und Harmonie, und, das ist das Beste, wir haben ein paar wunderbare Überraschungen vorbereitet. Große Überraschungen – riesig, XXL. Du wirst sagen: »Aber, aber, aber … was denn? Solche Zügellosigkeit habe ich doch nicht erwartet. All meine Erwartungen wurden haushoch übertroffen. Ich hätte mir niemals träumen lassen, dass ich auf diese Weise gesegnet werden könnte.« Und wir werden antworten: »O doch, das hast du.« Und du wirst sagen: »Nein, das habe ich nicht.« Und wir: »Dohoch!« Und du: »Hab ich nihich!« Und dann werden wir dich an all die Gelegenheiten erinnern, in denen du dich einfach nur glücklich

gesehen hast. Als du euphorisches Glück visualisiert hast,
ohne auf irgendwelche Details zu achten, als du vor
deinem inneren Auge von einem Ohr zum anderen
gelächelt hast, die Fäuste in die Luft gerissen hast vor
Glück, mit zitternden Fingern die Nummer deiner
besten Freundin eingetippt hast, während dir Tränen
des Glücks über die Wangen liefen – als du endlich all
die Wies *dem Universum überlassen hast.*
Und du wirst antworten: »Oh.«
Und wir werden durch unsere eigenen Tränen hindurch
sagen, schöne Wies, *was?*
Kommt laufend vor,
das Universum

Eine formale Visualisierungsroutine entwickeln

Mach deine Visualisierung zu einem Ritual. Komm schon,
das ist doch ganz leicht. Viel leichter als Yoga, Joggen oder
Gewichtheben und gleichzeitig so viel mehr erfolgversprechend. Du brauchst weder eine teure Ausrüstung noch
irgendeinen ausgefallenen Ort oder eine neue Garderobe.
Such dir ein Zimmer in deiner Wohnung, wähle in diesem
Zimmer einen Stuhl, entscheide dich für eine Tageszeit und
besorg dir einen Wecker (wenn du nicht ohnehin bereits
einen in deiner Uhr oder deinem Handy hast). Nur fünf bis
zehn Minuten, und schon hast du es für heute geschafft. Du
kannst das; du kannst zu einem respektvollen Umgang mit
Visualisierungen finden. Ja, ich bin sicher, auf die eine oder
andere Weise visualisierst du bereits jeden Tag.
Jede Wette, du putzt dir *mindestens* einmal täglich die Zähne. Jede Wette, du hast in deiner Wohnung irgendwo einen
festen Platz, wo du dir die Zähne putzt. Jede Wette, du hast
keine Mühe gescheut, um dir das erforderliche Werkzeug zu

beschaffen, damit du deine Zähne putzen kannst. Und all diese Anstrengungen hast du unternommen, weil du genau weißt, wie sinnvoll Zähneputzen ist. So sorgst du dafür, dass deine Zähne weiß und gesund bleiben.

Wenn du von heute an nur noch eines von zwei Dingen tun solltest, entweder die Zähne putzen oder visualisieren, dann *visualisiere!* Damit erreichst du so viel mehr. Wenn du schon dabei bist, kannst du sogar weißere Zähne visualisieren! Gewissenhaft bürstest du deine Zähne, obwohl es dir keine neue Beziehung einbringt, keinen Einfluss auf deine Reisetätigkeit hat und dein Unternehmen nicht in die Gewinnzone führt. Es wird dir weder Fülle einbringen noch eine kreative und erfüllende Arbeit. Wenn du dir hingegen all diese Endergebnisse vorstellst, dann kann das der auslösende Funke sein, der dir diese Dinge verschafft. Halte dir lediglich jeden Tag (oder wenigstens von Montag bis Freitag, so mache ich es) ein paar Minuten frei, um während der Visualisierung diese Gedanken zu denken. Zum Glück schließen sich die beiden Übungen, das Zähneputzen und das Visualisieren, nicht einmal gegenseitig aus. Also rate ich dazu, die Zähne weiterhin zu putzen!

Gruß vom Universum

Der Witz an der Vorstellungskraft besteht darin,
sie auch zur Anwendung zu bringen.
Visualisiere jeden Tag.
Bis wir uns dort wiedersehen,
das Universum

Körperliches Visualisieren

Ich möchte ausdrücklich darauf hinweisen, dass es sich bei dem Folgenden um ein Betriebsgeheimnis handelt! Ich glaube kaum, dass du von dem, was ich dir jetzt offenbare, je zuvor etwas gehört hast. Denn das ist schon ein bisschen verrückt – oder vielleicht sollte ich besser »unkonventionell« sagen?

Ich weiß seit langem, wie wertvoll Emotionen im Zusammenhang mit der Visualisierung sind. Und so wurde mir schon vor einiger Zeit klar, dass ich nicht alles fühlte, was ich hätte fühlen können. Wenn ich meine täglichen vier Minuten visualisierte, dann *tat* ich normalerweise nicht wirklich etwas, um die Emotion auch tatsächlich zu spüren. Ich ballte höchstens mal die Fäuste, stieß sie in die Luft und schnitt eine Grimasse, als wollte ich sagen: »Ja, ich hab's geschafft. Ich bin GLÜCKLICH!«

Doch mir fiel auf, dass ich an den Tagen, an denen ich die Grüße vom Universum schrieb, vor dem Schreiben manchmal kurz visualisierte, vielleicht nur eine Minute lang. Und wenn ich das tat, dann stellte ich mir nicht den Prozess des Schreibens vor – das wäre ja nur ein Herumwursteln mit den *verflixten Wies* –, sondern ich marschierte vor bis zum Endergebnis: dieses »Hurra!«-Gefühl, das ich habe, wenn mir ein wirklich guter Text gelungen ist. Das ist mein Endergebnis, *das Empfinden der Emotion,* und es ist mein Ziel – jedes Mal, wenn ich mich zum Schreiben hinsetze.

Eines Tages, als ich mich gerade auf meine Minivisualisierung konzentrierte, wurde mir plötzlich klar, dass ich meine Freudenrufe gar nicht nur vor meinem inneren Auge absolvierte. Nein, ich schrie und feuerte mich in meinem Büro tatsächlich selbst an. Ich stieß die Fäuste in die Luft, sprang manchmal sogar auf und stieß ein lautes, unüberhörbares »Hurra!« oder »Ja, ja, jaaa!« aus und machte andere lebhafte Gesten und Geräusche. Mir wurde klar, dass ich fast unbewusst *körperlich* zu visualisieren begonnen hatte, um die Emotion, die mit meinem visualisierten Endergebnis verbunden war, noch mehr hochzufahren. Warum, um alles in der Welt, würde sich irgendjemand freiwillig so verhalten? Weil echte, unverstellte Emotion der Turbomotor der Veränderung ist und die schnellsten Manifestationsergebnisse erbringt. Emotion beschleunigt den Gedanken, den du manifestieren willst, und ich konnte nicht umhin zu bemerken, dass mir meine unkonventionelle Methode beim Schreiben half wie ein kleiner Zauberspruch.

Also entschloss ich mich, mein körperliches Visualisieren zum Bestandteil meiner täglichen Visualisierungsroutine zu machen. (Vielleicht befindest du dich ja in einem dunklen, vollkommen stillen Raum, aber das bedeutet nicht, dass du wie ein Mönch dasitzen musst!) Nachfolgend ein Gruß vom Universum, der tatsächlich, wenn auch zum damaligen Zeitpunkt noch unbeabsichtigt, zeigt, wie du beim Visualisieren physisch werden kannst. Ich möchte dich dazu ermuntern, bei deiner nächsten Visualisierung das, was hier geschrieben steht, »auszuleben«.

Gruß vom Universum

Beobachtet dich irgendjemand?
Gut! Denn diese Übung ist doppelt geheim.
Tu so, als hättest du eben einen Anruf bekommen
mit einer Wahnsinnsneuigkeit, die dein ganzes Leben
verändert.
Sobald du den Hörer aufgelegt hast, reißt du deine
Arme vor lauter Freude über deinen Kopf. Deine Fäuste
boxen in die Luft, deine Hände winken, als seiest du
beim Hundertmeterlauf eben als Erste(r) über die
Ziellinie geschossen und würdest gleich deinen
jubelnden Fans in die offenen Arme fallen.

Du bedeckst dein Gesicht mit den Händen, um deine
Euphorie unter Kontrolle zu bringen. Vergeblich!
Also greifst du wieder in den Himmel und schüttelst
immer wieder ungläubig deinen Kopf.
Du strahlst, weinst, bist so glücklich! Ja!
Das Leben ist einfach phantastisch! Und du könntest
platzen vor Dankbarkeit!
Kapiert? Großartig! Also, sollte dich je jemand dabei
erwischen … dann erzähl ihnen, dass der Hellseher
deiner Katze angerufen hat, und sie werden sofort
vergessen, was sie gesehen haben – vor allem dann,
wenn du gar keine Katze hast.
Du versetzt mich in Erstaunen,
das Universum

Solcher Art sind die Possen, die dir beim Visualisieren in den Sinn kommen können. Es soll Spaß machen. Lass dir etwas einfallen. Mach noch ein paar Tanzschritte dazu, und, wenn wir schon dabei sind, stell auch gleich noch die Musik an. Hier gibt es keine Regeln, und das Zimmer, in dem du bist, muss nicht einmal dunkel und still sein. *Spüre die Freude mit jeder Faser!*
Dieser Gruß vom Universum zeigt deutlich, und das gefällt mir besonders gut, man braucht gar keinen Grund und kein Sortiment von vorgestellten Details und Umständen, um Freude zu empfinden, wenn man visualisiert: Spüre einfach die Freude in dir. In dem Gruß ist nicht die Rede davon, dass du grade im Lotto gewonnen oder die Liebe deines Lebens kennengelernt hast. Solche Details kannst du den Prinzipien des Universums überlassen. Es wird seinen Auftrag gewissenhaft erfüllen und die Freude zu dir zurückschicken wie einen Bumerang. Das Universum wird sich hinter dem Vorhang von Zeit und Raum abhetzen, um die Um-

stände so einzurichten, dass du physisch und materiell die Ursache hast, die Freude zu manifestieren, die du während deiner Visualisierung empfunden hast. Selbstverständlich kannst und *musst* du in die allgemeine Richtung deiner Träume aktiv werden. Doch noch sind wir in diesem Buch nicht ganz bis zu diesem Detail vorgedrungen. Bis dahin ist Visualisieren das wenigste, das du tun kannst, um das meiste zu erreichen.

So spielt man die Matrix!

KAPITEL 5
Die Macht, alles zu bekommen

Die Macht, alles zu bekommen, gewinnen wir, indem wir handelnd auf unser Endergebnis zugehen – was uns für die Magie des Lebens geradezu anfällig macht. Aber wie ich bereits dargelegt habe, dreht es sich dabei um sehr einfache Aktivitäten – wenn man ehrlich ist, um Babyschrittchen. Du musst nicht einmal die exakte Richtung einschlagen. Es reicht aus, wenn du in die scheinbar richtige Richtung unterwegs bist (so richtig, wie es dir eben möglich ist, auch wenn du dir dessen nicht sicher bist). Selbst wenn du in die »falsche« Richtung aufbrichst, erwirbst du auf diese Weise wenigstens einen Anspruch darauf, geführt zu werden. Sofern erforderlich, werden dich Zufälle, Fügungen, neue Freunde und Beobachtungen sanft drängen, eine *zulässige* Kehrtwende zu vollziehen.

In diesem Kapitel rufe ich dich nicht dazu auf, durch Handeln die Macht zu erwerben, alles zu bekommen. Vielmehr schieße ich jetzt eine Bogenlampe, indem ich behaupte, *dass es die Perspektiven sind, aus denen du dein Leben und deine Träume betrachtest, die automatisch dein Handeln beeinflussen.* Das heißt, um dich in den Volle-Kraft-voraus-Modus zu bringen und dich in die richtige Richtung zur Erfüllung deiner Träume zu katapultieren (wie wir ja wissen, der zweite Schritt unter den Mechanismen der Manifestation), musst du deine Einstellung und deine Weltsicht in den Griff bekommen. Das ist eine leichte Übung, verglichen mit der altmodischen Herangehensweise, die von dir verlangt, noch härter zu arbeiten und noch vernünftiger zu sein.

Tätig zu werden ist typischerweise ein automatischer Prozess. Wir müssen nicht alles genau durchdenken, bevor wir loslegen. Tatsächlich bewältigen wir den größten Teil unseres Alltags auf der Basis von Gewohnheiten und Routinen. Doch indem wir uns eine neue Betrachtungsweise zu eigen machen, die mit unseren Endergebnissen auf einer Linie ist und unterstellt »ich bin angekommen« statt »wäre es nicht toll«, werden sich unsere alltäglichen Handlungen automatisch von Tag zu Tag ändern und uns im wahrsten Sinne des Wortes anfällig machen für die Magie des Lebens – die sogenannten erstaunlichen Zufälle und glücklichen Fügungen.

Gruß vom Universum

Sei dort. Geh jetzt hin und nie mehr fort. Stell dir vor, dass deine Träume bereits wahr geworden sind.
Lebe dein Leben mit dieser Einstellung. Gründe dein Handeln auf dieser Wirklichkeit und nicht auf den Illusionen, die dich jetzt umgeben. Überprüfe jeden Gedanken, jede Frage und jede Antwort auf der Basis dieser Einstellung. Gestatte es deinem Fokus, sich zu verändern und neu geboren zu werden – denn von dem Platz aus zu starten, den du einnehmen willst, ist das das erfolgreichste Mittel, um schnell und gründlich alles zu verändern.
Erkennst du den Unterschied?
Das Universum

Der Palast deiner wildesten Träume

In Gedanken bereits in dem erwünschten Leben angekommen zu sein ist etwas ganz anderes, als nur von diesem Leben zu träumen. Es bedeutet, so zu tun, als hättest du dein Endergebnis bereits erreicht und als lebtest du dein Leben von diesem Standpunkt aus (in dem dir möglichen Grad). Die Kluft ist überbrückt und nimmt den Erfolg vorweg: Du bist *bereits* angekommen. Wie anders fühlt es sich an, wenn man nur sehnsüchtig von weitem aus der Perspektive des »Nichthabens« auf das ersehnte Leben blickt.

In Gedanken schon da zu sein ist dein Freifahrtschein. In Gedanken schon da zu sein ist so, als würdest du vor deinem inneren Auge einen Palast für deine wildesten Träume errichten – einen Palast, der nicht nur dein Zuhause ist, sondern auch ein Symbol für das vollständig entfaltete Leben deiner Träume. Von heute an sollst du – im übertragenen Sinne – *aus* den Fenstern dieses Palasts *auf* die Welt blicken und *diesen* Blick in jeder Hinsicht zur Basis deines Verhaltens machen. Führe dein Leben, indem du von diesem Standpunkt ausgehst und denkst: »Ich bin bereits angekommen; ich *lebe* schon im Überfluss; ich verfüge *jetzt* über Gesundheit und Schönheit, über mehr Freunde, mehr Lachen und über harmonische Beziehungen.« Mit dieser Denkweise *ziehst* du in deinen Palast *ein,* statt ihn nur von außen zu bewundern.

Es geht hier um nichts anderes als um die Perspektive – und wir dürfen sie selbst wählen! Wenn dir dieser Sprung gelingt und du sozusagen so tust, als würdest du mit deinen Gedanken und deinem Verhalten in diesen Palast einziehen, dann wird dein Handeln sich automatisch auf deine Endergebnisse ausrichten. Und den nächsten Schritt übernimmt die Magie des Lebens für dich.

Fallstudien

Neue Perspektiven nehmen wir meist auf ganz natürliche Weise ein. Wenn ich mein Leben anblicke, dann finde ich hierfür überall Beweise, und meistens wechsle ich die Perspektiven sogar, ohne mir dessen bewusst zu sein. Doch wenn man erkennt, dass man eine Sache unbewusst tut, dann steht es einem natürlich auch frei, sie bewusst und mit voller Absicht zu tun.

Ich erinnere mich an die Zeit im College. Mein Stubenkamerad und ich hatten nur noch wenige Monate bis zu unserem Abschluss und fingen an, darüber zu spekulieren, wie das Leben in der »wirklichen Welt« als Erwachsener wohl sein würde. Du kannst dir sicher vorstellen, dass einem diese Welt, wenn man gerade erst zweiundzwanzig ist, wie fremdes Territorium vorkommt. Eines der Dinge, die wir zu begreifen versuchten, war die Vorstellung von einem Jahresgehalt. Natürlich gefiel uns der Klang des Wortes *Gehalt,* doch was hatte es wirklich zu bedeuten?

Ich strebte eine Anstellung bei einer der acht großen Wirtschaftsprüfungsgesellschaften an. Zwar wusste ich, dass diese Gesellschaften Gehälter unterschiedlicher Höhe bezahlten, aber der Mittelwert betrug ungefähr 18 500 Dollar pro Jahr. Jawohl, ich würde unabhängig und reich werden! Gleichzeitig ließ mich die Zahl 18 500 eher kalt. Ich konnte mir nicht wirklich etwas darunter vorstellen, und meinem Stubenkameraden ging es genauso. Wir holten die Taschenrechner hervor und fingen an zu rechnen: 18 500 pro Jahr sind mehr als 1500 Dollar pro Monat. Heureka! Wir fühlten uns wie ins Mark getroffen. Jetzt konnten wir die Summe spüren und erfassen. Wir überschlugen, dass wir 150 bis 200 Dollar für die Miete brauchen würden. Und die Rate für ein Auto, wenn ich verrückt genug war (und ich war verrückt genug), würde zwischen 200 und 250 Dollar betragen. Dann hätten wir also (nach Unkosten und Steuern) noch ungefähr 700 Dollar pro Monat in der Tasche, und das jeden Monat – für Bier! Wahnsinn!

Mein Traumauto vor der Tür

Nun begriffen wir langsam, wie unser neues Leben aussehen und wie es sich *anfühlen* würde. Doch dabei beließ ich es nicht. Es ist nie genug, nur den Gedanken zu fassen: *Du musst handeln.* Ich war bereit, mein Handeln in diesem neuen Blick auf die Wirklichkeit zu gründen. Also rief ich meine Eltern an und sagte: »Gute Nachricht, ich bin im Begriff, unabhängig und reich zu werden. Aber … ähem … Papa, ich könnte deine Hilfe gebrauchen. Würdest du bitte für mich bürgen, wenn ich den Ratenvertrag für mein neues Auto unterschreibe, denn ich bin noch nicht kreditwürdig.« Mein Vater war gerne dazu bereit. So gingen wir an dem nächsten Wochenende, das ich zu Hause verbrachte, nur zum Spaß zu einem Autohändler, um meine Möglichkeiten auszukundschaften. Mein Traumauto damals war ein roter Fiat Spider. Meine Güte, wie schön war dieses Auto! Nur leider mussten wir feststellen, dass dies das letzte Jahr war – wir schrieben 1983 –, in dem Fiat in die Vereinigten Staaten exportierte. Das hieß, mehr als die Exemplare, die auf dem Hof standen, gab es nicht. In St. Petersburg/Florida hatten sie nur vier Fiat Spider übrig, und die waren alle dunkelgrün. Man teilte uns mit, die roten seien schon längst nach Kalifornien gegangen und dort restlos ausverkauft.

Nun, das entmutigte mich nicht im Geringsten, schließlich war ich jung und naiv! Ich nahm einen Werbeprospekt mit, der ein ganzseitiges Foto eines *roten* Spider enthielt, und pinnte ihn in unserer Stube an die Wand gleich neben die

Tür. In den folgenden zwei Monaten betrachtete ich jedes Mal, wenn ich das Zimmer verließ, mein Traumauto: rot mit einem schmalen goldenen Streifen, tief liegend, Aluräder, Faltverdeck, mit Holz verkleidetes Armaturenbrett – irre! Na gut, schneller Vorlauf, denn du ahnst wahrscheinlich schon, was passierte. Am Tag der Abschlussfeier fuhr mein Vater in meinem neuen Fiat vor, für dessen Abzahlung er für mich gebürgt hatte. Es war ein *roter* Fiat Spider, der über jedes Detail verfügte, das ich im Verlauf der letzten beiden Monate viele Male angestarrt hatte. Bis zum heutigen Tag weiß ich nicht, wo mein Vater einen roten aufgetrieben hat, doch diese Autoepisode ist nur eine Fußnote in der größeren Geschichte darüber, wie ich meinen ersten Job bekam.

Hartnäckiges Klopfen

Nun besaß ich also mein Traumauto, doch der Boden unter meinen Füßen begann zu schwanken, weil ich immer noch keinen Job hatte! Im *TIME Magazine* stand, dass in den Vereinigten Staaten seit dem Zweiten Weltkrieg keine derartig schlechten Einstellungsbedingungen mehr geherrscht hatten. Na wunderbar! Tag um Tag, Woche um Woche und einen Monat nach dem anderen trabte ich auf Jobsuche durch die Stadt – in dem Wissen, dass ich für meinen roten Fiat Spider Geld verdienen musste. Meine Situation war zum Verzweifeln. Zwei Monate nach der Abschlussfeier waren meine Ersparnisse so weit zusammengeschrumpft, dass ich meinen Wagen höchstens noch zwei, im besten Fall drei Monate würde halten können, und das wär's dann gewesen. Ohne Rückhalt dazustehen, war für mich undenkbar. Zufällig, wenn du so willst, oder vielleicht aus Mitgefühl, rief mich der Steuerberater meines Vaters an und sagte: »Mike, ich höre, du suchst einen Job. Komm doch zu einem Vorstellungsgespräch bei uns vorbei.«

Das Gespräch verlief ausgezeichnet, und mit der nächsten Post kam ein Brief, in dem stand: »Sehr geehrter Herr Dooley, wir freuen uns, Ihnen mitteilen zu können, dass wir Ihnen in unserer Firma gerne eine Stelle mit einem Jahresgehalt von 12 500 Dollar anbieten möchten.« Das war ein Schlag ins Kontor! Ich weiß noch, ich sah den Brief an und dachte: »Das *bin* ich nicht. Das mach ich nicht; schließlich habe ich einen *Ruf* zu verlieren.« Obwohl ich damals zu Hause bei meiner Mutter lebte. Ich sagte ab. Das ging einfach nicht. So ging die Rechnung nicht auf. Das war nicht der Lebensweg, den ich vor meinem inneren Auge sah. Panik ergriff mich!

Ich kämpfte und schrieb Bewerbungen für nahezu jede Branche und jeden Berufszweig, der meines Wissens etwas mit Buchführung zu tun hatte (Banken, Versicherungen, Maklergeschäft) und lief mir weitere dreißig Tage lang die Hacken ab. Da erfuhr ich durch einen Nachbarn, dass PriceWaterhouseCoopers, der Bentley unter den acht großen Wirtschaftsprüfungsgesellschaften, unerwarteterweise außerhalb des Turnus Stellen besetzte, weil sie gerade ein riesiges Krankenhaus als Kunden dazugewonnen hatten.

Ganz nach meinen Vorstellungen

Ich ergatterte ein Vorstellungsgespräch, und eine Woche später kam der Brief: »Sehr geehrter Herr Dooley, wir freuen uns, Ihnen eine Stelle mit einem Jahresgehalt von 18 500 Dollar anbieten zu können.« Das war's! Es überraschte mich, dass hier genau der Betrag genannt wurde, den mein Stubenkamerad und ich vor sechs Monaten als Ausgangspunkt für unsere Berechnungen verwendet hatten. Plötzlich ging mir ein Licht auf! Ich selbst hatte die Latte so hoch gelegt! Außerdem hatte ich ein Endergebnis geschaffen – auch wenn ich es damals noch nicht so nannte. Noch dazu hatte ich *mein Handeln auf diese Vision (oder Perspektive) gegründet,* indem ich ein Auto kaufte und einen schlechter bezahlten Job ablehnte.

Drei Wochen lang ging ich wie auf Wolken und fühlte mich wegen *meiner* Manifestation wie der König der Welt. Und dann traf es mich wie mit Keulen: »Wieso bloß hatte ich die Latte nicht höhergelegt?«

Die Latte höherlegen

Bei welcher Marke liegt deine Latte? Kleiner Tipp: Sie offenbart sich durch alles, was du denkst, sagst und tust. Deine gegenwärtige Perspektive ist die Basis deiner Erwartungen. Diese Erwartungen betreffen deine Einnahmen, dein Gewicht und welches Verhalten du bei anderen akzeptierst oder nicht. Vielleicht akzeptierst du X und unter bestimmten Umständen auch noch Y, doch auf gar keinen Fall tolerierst du Z. Das sind deine Latten. Und weißt du was? Sie sind willkürlich. Du selbst hast sie willkürlich auf diese Höhe gelegt. Du hättest mehr verlangen oder dich mit weniger zufriedengeben können. Das ist besonders aufregend, denn es bedeutet, dass du die Latten jederzeit nach eigenen Vorstellungen verschieben und sie so plazieren kannst, dass sie dir vielleicht noch besser dienen.

Wenn du dir nicht sicher bist, wo genau deine Latten liegen, dann höre dir selbst bei deinen Gesprächen zu und achte darauf, wie du dich verhältst. Und wenn du mit dem, was du durch Denken und Handeln vorbereitest, nicht einverstanden bist, verändere deine Perspektive.

Eine englische Bekannte enthüllte unbewusst die Lage einer

ihrer Latten, als wir einander von unseren internationalen Reisen erzählten. Das Gespräch kam auf Thailand, und ihre Augen wurden plötzlich groß wie Untertassen. Sie sagte: »Oh, ich habe gehört, in Thailand gibt es die besten Jugendherbergen!« Kaum hatte sie den Satz gesagt, wurde ihr klar, dass sie zwar augenblicklich keine Reise nach Thailand plante, doch wenn sie es täte, dann sah sie sich dort in Jugendherbergen absteigen.

Gegen Übernachtungen in Jugendherbergen gibt es natürlich nichts einzuwenden. Wenn du ihr Ambiente magst, wie es offensichtlich bei meiner Bekannten der Fall ist, dann ist das völlig in Ordnung. Übernachte, wo immer es dir gefällt, wenn du willst, unter freiem Himmel. Doch falls du ein Luxushotel vorziehst, dann ist es an der Zeit, der Vorstellung, dass du in einer Jugendherberge unterkommst, Einhalt zu gebieten. Mir geht es hier nicht ums Geld. Du sollst verstehen, dass du mit deiner gegenwärtigen Perspektive in deinem Leben die Latten legst. Diese Perspektiven zeigen sich in deinem Denken, in deinen Worten und Handlungen. Wenn es dir nicht passt, wo deine Latte liegt, dann kannst du sie höher- oder tieferlegen.

Stell dir beispielsweise vor, wie du jetzt gerade in einem Flugzeug sitzt und an einen weit entfernten exotischen Ort wie Hongkong, Neu-Delhi oder Sydney reist. Ein weiter Weg, stimmt's? Stell ihn dir vor. Ich bin sicher, du siehst mehr als nur einen Film während deiner ganzen Anschlussflüge. Und ich wünsche dir, dass du im Flugzeug gut schlafen kannst.

Quizfrage: Hast du dich bei diesem vorgestellten Flug in der ersten Klasse, der Businessklasse oder in der Touristenklasse sitzen sehen? Abhängig von unserer Lebensperspektive führt uns unsere Vorstellungskraft automatisch und instinktiv an den »Platz«, der unserer momentanen Weltsicht entspricht.

Du möchtest einmal etwas anderes erleben? Dann achte darauf, wo deine Latten liegen. Mach dir bewusst, dass sie nichts anderes als Gedanken sind, und die kannst du ändern. Warum solltest du dich nicht in der ersten Klasse oder in einem Fünfsternehotel sehen, *falls* dir so etwas Spaß macht? Immerhin errichtest du aus diesen Gedanken dein Morgen. Du musst es dir lediglich gestatten, neue und andere Gedanken zu denken. Und dann achte darauf, dein Verhalten regelmäßig – je nach Größe deines Traums täglich, wöchentlich oder monatlich – in kleinen Schritten auf deiner neuen Einstellung zu gründen. Stell dir zum Beispiel vor, dass du erster Klasse fliegst. Oder, wenn du öfter fliegst, lass dich gelegentlich, und wenn es nur einen Augenblick lang ist, in den Reihen der ersten Klasse nieder, um herauszufinden, wie sich das anfühlt.

Wenn du im Kopf diese kleinen Veränderungen zuwege bringst, dann werden sich hinter dem Vorhang von Zeit und Raum die großen Räder in Bewegung setzen, um dein Leben neu zu ordnen. Sie werden dir neue Kunden, Freunde oder Einsichten bescheren, was auch immer du gerade brauchst – bis der rechte Zeitpunkt gekommen ist und du nicht mehr so tun musst, als ob. Dann ist es dein Leben!

Auf geht's zum Ferrarihändler!

Nachdem ich meinen Fiat Spider ein paar Jahre lang gefahren hatte, veränderte sich mein Autogeschmack. Natürlich habe ich diesen Wagen immer geliebt, doch langsam fand ich Gefallen an den teureren Fahrzeugen. Und ohne es so richtig mitzubekommen, entwickelte ich eine Fixierung auf BMWs. In dieser Phase meines Lebens hätte ich dir alles, absolut alles über diese Automarke sagen können. Ich stand richtig unter ihrem Bann. Damals besuchte ich an einem

Wochenende einen Freund in Miami. Am ersten Morgen wachte ich auf, weil seine Söhne durch das Haus tobten und dabei riefen: »Papa, Papa, lass uns zu Ferrari fahren, lass uns zu Ferrari fahren!« Die beiden Jungen waren erst vier und sieben Jahre alt, und ich fragte mich, ob ich wohl im falschen Traum aufgewacht war. Dann stellte sich aber heraus, dass ihr Vater gutes Benehmen gelegentlich mit einem Besuch beim örtlichen Ferrarihändler belohnte. Als ich klein war und *monatelang* »Punkte« für gutes Benehmen gesammelt hatte, gingen meine Eltern mit mir zum Teich im örtlichen Park, um dort die Enten zu füttern! So ändern sich die Zeiten.

Jedenfalls fuhr ich an diesem Morgen mit meinem Freund und seinen Söhnen zu Ferrari, und siehe da, er und seine Söhne kannten jeden Fahrzeugtyp, den der Händler in seinem Autosalon stehen hatte. Damit nicht genug, auch das Verkaufspersonal kannte meinen Freund und seine Kinder. Außerdem wusste mein Freund über Ferraris so gut Bescheid wie ich über BMWs. So eine Frechheit! Wer gab ihm das Recht zu solchen Höhenflügen? Wie kam er dazu, sich in solche Regionen vorzuwagen? Natürlich war ich nicht wirklich empört über seine hohen Erwartungen. Mich entsetzte eher, dass meine Erwartungen im Vergleich zu seinen so niedrig angesiedelt waren. Nun, der Rest der Geschichte ist vorhersehbar. Du kannst dir vermutlich vorstellen, welche Art Fahrzeug ich schließlich fuhr und bis zum heutigen Tag fahre: einen BMW. Und du kannst dir bestimmt auch vorstellen, welchen Wagen mein Freund sich schließlich anschaffte und bis zum heutigen Tag fährt: einen Ferrari. Wir hatten die Latte so hoch gelegt, wie unsere jeweilige Laune es uns vorgegeben hatte. Vielleicht vermittelt dir meine Geschichte eine erste Vorstellung davon, wo deine eigenen Latten liegen.

Als ich vor einigen Jahren anfing, Material für dieses Buch

zusammenzutragen, erinnerte ich mich lebhaft an diese Episode. Wie entrüstet ich damals darüber gewesen war, dass sich jemand in meinem Alter traute, nicht nur über den Besitz eines Ferraris nachzudenken, sondern ihn auch anstrebte und *in diesem Sinne aktiv wurde!* Als mir nun beim Schreiben diese Geschichte wieder einfiel, empfand ich sie als äußerst aufschlussreich. Auch ließ sie mich keineswegs gleichgültig. Damals wie heute hätte ich den Ferrari haben können, doch ich habe ihn nicht. Sogleich meldet sich die ach so vertraute innere Stimme zu Wort: »Mike, du *brauchst* keinen Ferrari! Bedenke doch, wie vollgepackt dein Leben schon ist: all die Reisen, Investitionen und Abenteuer!« Und dann erinnert mich eine andere Stimme: »Mike, *kein Mensch* braucht einen Ferrari. Man holt sich einen Ferrari nicht, weil man ihn braucht.« Dann halte ich entgegen, dass mir ein Ferrari wirklich gar nicht so wichtig ist, und die Debatte geht weiter und mit ihr das Tauziehen in meinem Inneren. Doch ich bin ein Abenteurer genauso wie du, und das Entdecken und Lernen endet nie.

Hauptsache, du erkennst, dass du selbst dir deine Latten legst. Sobald du sie dir bewusstgemacht hast, sind sie unübersehbar. Die Erkenntnis, wo deine Latten liegen, gibt dir die Möglichkeit, ihre Position zu verändern – Einfluss zu nehmen auf deinen Standpunkt und dich selbst anzuspornen. Wie du schon bald sehen wirst, werden die Veränderungen deines Verhaltens den Blick aus dem Palast deiner wildesten Träume widerspiegeln und bestätigen.

Er hat uns wirklich mitgerissen

Und hier noch eine letzte Geschichte über Perspektiven und ihren Einfluss auf unser Verhalten und Handeln. Vor ein paar Jahren sah ich bei MTV eine Dokumentation über die englische Rockband Queen, ohne Zweifel eine der größten Bands im zwanzigsten Jahrhundert. Freddie Mercury war schon viele Jahre tot, als diese Dokumentation gedreht wurde. Also konnte der Regisseur lediglich die noch lebenden Bandmitglieder interviewen. Interessanterweise sagten alle Musiker unabhängig voneinander, dass ihnen niemals in ihrem Leben ein besserer Rockmusiker begegnet war – von Anfang an war Freddie Mercury für sie der Größte.

Doch als sie ihn kennenlernten, hatte Freddie Mercury noch keinen einzigen Hit gelandet. Er war pleite und so arm, dass er umschichtig bei seinen Bandmitgliedern auf dem Boden schlief. Dennoch waren sie einer Meinung darin, dass er *bereits* der größte Rockstar überhaupt war. Das lag daran, dass Freddie in seiner eigenen Vorstellung dieses Ziel bereits erreicht hatte. Er hatte seine Latte ungeheuer hochgelegt, und *auf dieses Endergebnis richtete er sein Verhalten aus,* so gut er konnte. Seine Musiker erklärten übereinstimmend, dass Freddie an nichts anderes denken und über nichts anderes sprechen konnte als über die Stadien, die sie gemeinsam füllen würden; die Eigenarten, die sie berühmt machen würden; die Kostüme, mit denen sie die Zuschauer überwältigen würden; die Darbietungen, mit denen sie die Welt von den Sitzen reißen würden. Ohne Zweifel war er in Gedanken bereits in seinem erträumten Leben angekommen.

Und wenn du dir vorstellst, dass du dein Endergebnis erreicht hast und dich in diese Richtung in Bewegung setzt, dann *musst* du ein Superstar werden oder, wenn dir das lieber ist, einfach nur glücklich. *Es muss geschehen.* Die richtigen Menschen, Inspirationen und Umstände werden sich dir in den Weg stellen. Das ist ein unumstößliches Gesetz. *Auf diese Weise werden aus Gedanken Dinge.* Und alles beginnt mit einer neuen Perspektive, die dich, sobald du sie eingenommen hast, automatisch in Bewegung setzt.

Hier kommt ein Gruß vom Universum, der deine Perspektiven auf die Probe stellt!

Gruß vom Universum

*Also gut! Die Reservierung ist getätigt, und eine
Beechcraft 400 A steht dir an beliebigen einundzwanzig
Tagen zur Verfügung – inklusive Besatzung,
Multimediaanschlüssen auf allen Sitzen und mit
Leopardenfellimitat bezogenen Schlafsesseln, versteht
sich –, sobald du 368 750 Dollar bezahlt hast,
natürlich im Voraus.
Der Sprit kostet selbstverständlich extra.
Und nicht zu wenig.
Jetzt sprich mir nach: »Das soll wohl ein Witz sein.
Leopardenfellimitat hatte man Anfang der 2000er.
Haben Sie nichts Besseres zu bieten?«
Das ist cool! Nun erhalte diese Perspektive aufrecht,
denn derartige Transaktionen finden jeden Tag statt.
Und weil Perspektiven die passenden Umstände
anziehen, kann man so sein Glück machen.
Bis zum nächsten Mal, in Cannes,
das Universum*

Richtlinien zum Höherlegen der Latte

Es ist leicht, die Latte höher- oder tieferzulegen. Hier kommen ein paar einfache Richtlinien, die dir zeigen, wie es geht.

Mach dein Verhalten nicht von den Illusionen abhängig

Der nachfolgende Satz ist vielleicht der wichtigste im ganzen Buch: *Lerne es, dich in deinem Verhalten nicht von den Illusionen Zeit, Raum und Materie abhängig zu machen.* Obwohl ich dem Satz vielleicht noch hinzufügen sollte: »Wenigstens nicht ausschließlich.« Letztlich zwingt uns das Leben in Zeit und Raum eben doch, das anzuerkennen, »was ist«. Wenn du die physische Welt zur *ausschließlichen* oder auch nur zu einer maßgeblichen Voraussetzung für dein Verhalten machst, dann sorgst du für den Fortbestand deiner bisherigen Lebensbedingungen. Angesichts dieser paradoxen Situation ist es einfacher, sich dem Problem von beiden Seiten zugleich zu nähern. So verliert man nichts und ist hoffentlich der lachende Dritte. Damit will ich sagen, dass du dich eben mit der physischen Welt im erforderlichen Maß abgibst, also zum Beispiel deine Arbeit für den Erwerb deines Lebensunterhalts beibehältst. Zugleich aber beschäftigst du dich mit der Welt deiner Träume, bereitest dich physisch auf sie vor und handelst so, als würde das Leben deiner Träume unmittelbar bevorstehen.

Möglich, dass man mir die Empfehlung zur Beibehaltung der Arbeit für den Lebensunterhalt als Halbherzigkeit auslegt. Doch noch schlimmer wäre es, das System oder dein Vertrauen in es in einem solchen Maß »testen« zu wollen, dass du dabei dein Zuhause, deine Gesundheit oder deine Freunde verlierst. Solche Extreme sind nicht erforderlich, solange du dir die angestrebten Endergebnisse vergegenwärtigst und im Rahmen deiner Möglichkeiten alles tust, um dich in ihre Richtung zu bewegen. Selbstverständlich könntest du es halten wie Freddie Mercury, deinen Job kündigen und wechselweise bei deinen Freunden auf dem Sofa übernachten. Genauso gut aber kannst du dir vor Augen führen, dass Mariah Carey ursprünglich als Kellnerin, Elvis Presley als Mechaniker und J. K. Rowling als Vollzeitmutter gearbeitet haben, während sie alle parallel zu ihrem Brotberuf eine vollkommen andere Karriere angestrebt und verfolgt haben, die schließlich ihre Namen auf der ganzen Welt bekannt gemacht hat.

Abnehmen

Da ja die Perspektive eine so ungemein wichtige Rolle spielt, wollen wir uns mit ihr am Beispiel des Abnehmens noch einmal näher beschäftigen. Wenn du dein Handeln darauf beschränkst, kalorienarme, fettarme, zuckerfreie und weightwatchertaugliche Nahrungsmittel einzukaufen, dann erhältst du deinen Zustand aufrecht (egal, wie viel du auch visualisierst), denn jeder deiner Einkäufe postuliert mit unübersehbarer Vehemenz: »Ich habe ein Gewichtsproblem!« Darauf antwortet das Universum: »Ich habe dich bereits beim ersten deiner siebenhundert Hinweise gehört und deinen Wunsch schon erfüllt.«
Indem du deinem Problem so viel Glauben schenkst und bereitwillig *all* dein Handeln darauf ausrichtest, sorgst du ungewollt dafür, dass du den falschen Nahrungsmitteln zum falschen Zeitpunkt ausgesetzt bist. Dein Stoffwechsel wird träge, dein Energiepegel sinkt, deine Begeisterungsfähigkeit löst sich in Luft auf, und alles scheint sich gegen dich verschworen zu haben. Denn die Prinzipien des Universums lassen genau das Endergebnis wahr werden, das du durch dein Verhalten untermauerst. Das Universum bestä-

tigt lediglich, was du verkündest hast, nämlich dass du *nicht* abnehmen kannst und dass du ein Gewichtsproblem *hast*.

Stattdessen solltest du schrittweise dein Verhalten verändern, damit es deinen Traum wenigstens teilweise widerspiegelt. Nähere dich deiner Wunscherfüllung von beiden Seiten und arbeite dich langsam bis zur Mitte voran. Verhalte dich angemessen, indem du achtgibst auf das, was du isst, und vernünftig auswählst. Doch verstärke mit deinem Verhalten zugleich die Vorstellung, dass du den Erfolg bereits in der Tasche hast. Gestatte dir ein gelegentliches Schwelgen, so als hättest du dein Idealgewicht schon erreicht. Sei die Person deiner Träume, und wenn du nur so tust, als ob. Doch sei dabei vorsichtig, denn beide Rollen sind hier möglich: die der schlanken Person, die gelegentlich über die Stränge schlägt und dies aus vollen Zügen genießt, und die der übergewichtigen Person, die nicht glauben kann, dass sie jemals abnimmt.

Angenommen, du liebst Schokoladenkuchen und gehst gelegentlich in ein Café, das Schokoladenkuchen anbietet. In dem Fall lass die Waage sagen, was sie will, und iss ein Stück Kuchen. Gestatte es dir. Spiel deine Rolle gut. Genieße den Kuchen so, als hättest du bereits den Körper, von dem du schon immer geträumt hast. Aber iss nicht den ganzen Kuchen. Das würde die Person, die du in deinen Träumen bist, auch nicht tun. Wie gesagt, sei vorsichtig, denn dieser Ansatz kann auch leicht in die falsche Richtung losgehen. Spiel deine Rolle, mit *allen* Details. Erfreue dich heute deines Lebens und des Lohns für den Erfolg, den du dir vorstellst.

Indem du gelegentlich die Norm deines Handelns durchbrichst, installierst du neue Überzeugungen, die du dem Universum und deinem inneren Zeugen durch dein neues Verhalten signalisierst. Und wenn es dir gelingt, wiederkehrend dein Verhalten zu verändern, indem du zum Beispiel einen Einkaufsbummel für dein dünneres Ich machst, während du zugleich auch achtgibst auf das, was du isst, und Dinge sagst, die dir dienen, dann sei auf etwas Neues gefasst, Welt!

Fülle beschwören
Wenn du all dein Geld für schlechte Zeiten zurücklegst oder wenn du das Börsengeschehen und die Weltwirtschaft verfolgst und dein Verhalten auf diese »Illusionen« ausrichtest, dann spricht das nicht unbedingt für deinen Glauben an das unvermeidliche, lawinenartige Eintreffen von Fülle in deinem Leben, meinst du nicht auch? Gib hier und da verschwenderisch Geld aus, so als sei genug da für kleine Luxuseinkäufe. ABER gib niemals Geld aus, das du nicht hast oder nicht leicht zurückbezahlen kannst! Das ist auch gar nicht erforderlich, denn es gibt unzählige andere Möglichkeiten, deinen Glauben zu beweisen, die dich nichts kosten.

Als ich vor sieben Jahren auf meiner ersten Welttournee einen Flug nach Atlanta/Georgia buchte, fiel mir plötzlich auf, dass ich mein Verhalten ausschließlich auf physische Umstände gründete. Während dieser Tournee hatte ich bei fast allen Flügen in der ersten Klasse gesessen (zum ersten Mal in meinem Leben). In zwei Wochen sollte ich einen Vortrag in Atlanta halten und musste feststellen, dass sich nur sechs Personen für dieses Fünfstundenprogramm angemeldet hatten. »Nur sechs Leute«, jammerte ich, »dafür lohnt es sich ja kaum, hinzufahren.« Aber abspringen wollte ich natürlich auch nicht.

Als ich begann, die Preise zu vergleichen, stellte ich fest, dass es tausendzweihundert Dollar kosten würde, erster Klasse von Orlando nach Atlanta und zurück zu fliegen. Dabei dauerte der Flug nur fünfundvierzig Minuten. In der Touristenklasse kostete er nur zweihundert Dollar. Und so ging ich unbemerkt den Illusionen in die Falle, indem ich dachte: »Sieh mal, bisher haben sich nur sechs Leute angemeldet. Letztlich kommen vielleicht doppelt so viele zu meinem Vortrag. Wenn ich jetzt so viel Geld für diesen kurzen Flug ausgebe, dann werde ich am Ende des Tages rote Zahlen schreiben. Nicht gerade tolle finanzielle Aussichten. Ich *muss* ja nicht erster Klasse fliegen.«

Zum Glück sprang da das Alarmlämpchen in meinem Kopf an. »Mike«, sagte ich mir, »du bist ein äußerst begehrter, professioneller Referent von Weltformat (mein Traum und angestrebtes Endergebnis). Und solche Leute fliegen nicht Economy, ganz egal, *wer* und wie viele am anderen Ende auf sie warten. Als zukünftiger Berufsreferent zweiter Klasse zu fliegen wird dir am Ende nicht weiterhelfen.«

Dann nahm ich mich noch weiter ins Gebet. Es ging nicht darum zu sagen: »Ach, Mist, du musst den Weg schon bis zum bitteren Ende gehen. Du weißt ja, dass du das Geld für dieses Erste-Klasse-Ticket ausgeben musst.« Nun spornte ich mich mit den Worten an: »Mann, super! Erster Klasse! Genieß es! Und denk doch, Mike, trotz der Illusionen, mit denen du jetzt lebst, wirst du das Universum zwingen, die Umstände zu schaffen, unter denen du der im höchsten Maß gesuchte Weltklassereferent *bist*. Du wirst nicht nur die großartigen Inhalte empfangen, an denen du dein Publikum teilhaben lassen kannst. Dein Publikum wird auch in dem Maß immer weiter wachsen, in dem sich dein Endergebnis manifestiert.« Stütze dich niemals alleine auf Logik und auf deine physischen Sinne, um deine Entscheidungen zu treffen.

Um eines klarzustellen, ich *verfügte* in dieser Situation über das erforderliche Geld. Ich rate dir *nicht,* Geld auszugeben, das du nicht hast. Doch weil ich dieses Ticket kaufte und im Sinne meines Traums handelte, sprach ich auf meiner ersten Welttournee durchschnittlich vor siebzig Zuhörern. Auf meiner zweiten Welttournee sprach ich im Schnitt vor etwa hundertsiebzig Menschen. (Übrigens saßen in Atlanta dann doch fünfunddreißig Zuhörer vor mir.) Auf diese Weise spielerisch zu handeln und dein Verhalten auf das Endergebnis einzustimmen statt auf die Illusionen, die dich umgeben, ist äußerst wirksam – selbst dann, wenn es nur gelegentlich oder schrittweise erfolgt (oder nur dann, wenn du es dir leisten kannst).

Das Vertrauen in einer Beziehung steigern

Möglicherweise befindest du dich in einer Beziehung, in der dein Partner nicht immer ganz ehrlich oder offen mit dir war. Als Reaktion darauf könntest du dein Herz verhärten, um es zu schützen, oder dich auf andere Weise physisch auf eine Fortsetzung dieser Situation vorbereiten. Doch aus den bereits genannten metaphysischen Gründen würdest du damit das Verhalten deines Partners nur unterstützen. Willst du jedoch *wirklich,* dass dein Partner sich ins Zeug legt, willst du wirklich die Latte höherlegen und die *Wahrscheinlichkeit* erhöhen, dass er sein Verhalten ändert, dann musst du Vertrauen in ihn investieren und so handeln, als vertrautest du ihm und als wäre er vertrauenswürdig. Du musst dein Herz ins Spiel bringen, denn *nichts anderes* wird mit *größerer Wahrscheinlichkeit* eine Verbesserung der Situation bewirken, als wenn du dich darauf einstellst, dass du besser behandelt wirst. Leg die Latte höher! Er oder sie wird es, ob unbewusst oder bewusst, bemerken. Indem du aufhörst, auf das Schlimmste vorbereitet zu sein, sprichst du eine Einladung zur Verbesserung eurer Beziehung aus. Die Quintessenz: Euer Leben gehört euch, und ihr werdet daraus machen, was ihr wollt. Eure Gedanken werden sich manifestieren. Du kannst deine Aussichten auf eine positive Wende auch bis zum Maximum steigern. In dem Fall bereite dich gut vor, bereite dich physisch vor.

Eine Arbeit ausüben, die man verabscheut

Menschen, die einem Beruf nachgehen, den sie nicht mögen, haben verständlicherweise häufig die Einstellung: »Wenn ich nur erst den Job meiner Träume habe, dann, ja *dann* werde ich in neuem Glanz erstrahlen.« Leider, leider funktioniert es so nicht. Fang lieber *heute* an zu glänzen. Führe dein Leben lieber schon heute so, als würdest du auf der ersehnten Bühne stehen und Millionen Menschen könnten dich sehen, denn auf gewisse Weise trifft genau das zu. *Das Leben* sieht dir zu. *Du* siehst dir zu. Schlechtes Verhalten kann kein gutes Verhalten hervorbringen. Schon gar nicht kann es dir den Traumjob verschaffen.

Als ich damit anfing, meine Grüße vom Universum zu schreiben, verschickte ich diese E-Mails nur an sechsunddreißig Personen. Trotzdem schrieb ich sie so gut ich nur irgendwie konnte, als hätte ich eine Million Abonnenten. Heute habe ich bereits mehr als ein Drittel des Weges zu dieser Million zurückgelegt.

Meinen ersten Vortrag über »Gedanken werden Dinge« hielt ich vor vierzehn Personen in meinem Toastmasters Club. Geschrieben hatte ich ihn jedoch für die ganze Welt. Und jetzt, zehn Jahre später, ist er noch immer so gut, dass ich große Bestandteile in meine derzeitigen Präsentationen, die ich auf fünf Kontinenten halte, übernehmen kann. Man braucht nicht den Ball jedes Mal und ausnahmslos so zu treffen, dass er über das Spielfeld und die Tribüne hinausschießt, um alle Welt zu beeindrucken. Mir ist das gewiss nicht gelungen, weder als Autor noch als Referent. Doch mit dem, was mir zur Verfügung stand, und von meiner jeweiligen Position aus habe ich mein Bestes gegeben. Und das kannst du auch.

Um es, weil es so immens wichtig ist, noch einmal zusammenzufassend zu wiederholen: *Lerne es, dein Verhalten nicht von den Illusionen abhängig zu machen.* Gründe dein Verhalten stattdessen auf dein Endergebnis – auf den Blick, den du aus dem Palast deiner wildesten Träume hast.

Bleib dran, gib nicht auf!

Solange du Veränderung willst, *bleib dran. Sei* aktiv. Je aktiver du bist, desto mehr sogenannte »gute Gelegenheiten« wird das Universum für dich bereithalten. Der Tag, an dem du »fertig« bist, wird niemals kommen. Und, um das noch hinzuzufügen, solange du dich zum Rhythmus deines eigenen inneren Trommlers bewegst, wirst du das auch gar nicht wollen. Auf dieses Thema kommen wir im nachfolgenden Kapitel »Die Schleusen öffnen« noch zu sprechen.

Vor einigen Jahren, noch bevor mein Leben als Referent und Autor so richtig abgehoben hatte, traf ich mich mit einem Bekannten, den ich fünf Jahre zuvor bei Toastmasters kennengelernt hatte. In unserem Gespräch erwähnte ich, dass ich noch immer zu den Toastmasters-Clubtreffen ging, wo ich ihn schon lange nicht mehr gesehen hatte. »Du bist noch immer Mitglied bei Toastmasters???«, rief er überrascht. Er war geradezu schockiert, denn schließlich wusste er, dass ich längst weltweit auftrat.

Verlegen erklärte ich, dass ich so lange hingehen wollte, bis mich entweder die Arbeit oder mein Privatleben daran hinderten, da ich dort nach wie vor an meinen Rednerqualitäten feilen und außerdem mein soziales und berufliches Netzwerk vergrößern konnte. Natürlich hätte ich meine Mitgliedschaft und die mit ihr einhergehende Arbeit genauso gut mit einem Schulterzucken abtun können, in dem Glauben, ich sei nun gut genug oder das Universum werde sich schon um meine weitere Karriere kümmern. Doch ich weiß es besser. Wenn wir uns immerfort auf die Bühne des Lebens stellen und selbst die Verantwortung für unser Glück, unsere Erfüllung und unser persönliches Wachstum übernehmen, dann verschaffen wir dem Universum vielerlei Gelegenheiten, Dinge für uns zu bewirken und uns *rascher* voranzubringen.

Tatsächlich hatte ich ein Jahr nach der Begegnung mit meinem Bekannten und seither immer so viel zu tun, dass ich nicht mehr an den Toastmasters-Treffen teilnehmen kann. Mein Leben ist nun in jeder Hinsicht voller – *und das ist nicht zuletzt auch auf meine siebenjährige Mitgliedschaft zurückzuführen.* Es kann gut sein, dass wir schon eine Menge Schwung in unsere Karriere oder einen anderen Lebensbereich gebracht haben. Sofern wir aber noch zusätzliche Veränderungen wünschen, kommen wir besser voran, wenn wir auch weiterhin auf konventionelle Weise üben, uns vorbereiten und unsere Netzwerke pflegen (wie in meinem Beispiel). Zugleich dürfen und sollen wir träumen und im Vertrauen darauf handeln, dass das Schiff unserer Träume bereits eingetroffen ist. Tanze mit deinen Träumen und nicht nur mit den Illusionen, die dich gegenwärtig umgeben.

Klammere dich nicht an der ersten Richtung fest, die du eingeschlagen hast

Immer wieder lerne ich Menschen kennen, die so unsicher sind, welche Schritte sie tun sollen, dass sie sich lieber gar nicht erst in Bewegung setzen. Sie warten an der Auslinie, manche mit einem Job, den sie hassen, und andere mit gar keinem – als ob Günther Jauch sie plötzlich zum Interview bitten und ihr Leben für immer verändern würde. *Doch Günther Jauch ruft nicht an.* Du musst selbst aktiv werden! Denk an die Analogie mit dem Navigationssystem: Mach dich auf den Weg, selbst wenn du zunächst die falsche Richtung einschlägst. Das ist immer noch besser, als gar nicht erst loszufahren. Auf geht's!

Gruß vom Universum

*Nur selten gleichen die ersten Schritte einer Reise den
letzten kurz vor der Ankunft, weder in ihrer Richtung,
noch in ihrer Geschwindigkeit oder Anmut. Also bitte
glaube mir, wenn ich dir sage, dass nichts davon auch
nur halb so wichtig ist wie die Tatsache, dass du
überhaupt Schritte machst.
Wenn du dich in Bewegung gesetzt hast, wird sich
ohnehin eine Richtung auftun, die du dir jetzt noch
gar nicht vorstellen kannst.
Also sei doch erst einmal damit zufrieden, dass du
dich überhaupt auf den Weg gemacht hast.
Halali,
das Universum*

Verstehen, dass alles von Bedeutung ist

Du stehst immer auf der Bühne: sieben Tage die Woche und
vierundzwanzig Stunden täglich. Egal, ob du allein oder
von Freunden umringt bist. Du zeigst dem Universum *und*
dir selbst unablässig, wo deine Latten liegen und welche Erwartungen du an die nächsten Ereignisse in deinem Leben
hast. Wenn du also deinem Bild im Spiegel unfreundliche
Worte sagst, ist das gar nicht gut. Wenn du deiner Freundin
mitten in der Nacht erzählst, wie Männer immer nur dieses
und Frauen immer nur jenes tun, ist das auch nicht gut.
Sieh dich vor. Hör zu. Sei aufmerksam. Große Macht bringt
große Verantwortung mit sich! Das musst du wissen, wenn
es darum geht, eine Perspektive zu wählen. Du musst für
alles Verantwortung übernehmen, alles ist von Bedeutung.
Die gute Seite dabei ist, dass uns endlos Gelegenheit gegeben wird, unsere neuen Perspektiven mittels ein wenig ver-

spielter Schauspielerei oder vertrauensvollem Handeln vorzuführen und zu zeigen. In einem seiner Grüße hat uns das Universum einmal wissen lassen: »Groß denken und klein handeln ist das Gleiche wie klein denken.« Beim Lesen dieser Worte wirst du sicherlich zustimmend nicken. Doch deine Zustimmung ist wertlos, wenn du nicht tatsächlich in den kommenden Tagen dein Tun mehr und mehr deinen Träumen annäherst.

Mit Verstand und Herz

Dieser Rat ist insbesondere für diejenigen gedacht, für die metaphysisches Denken neu ist. Solche Menschen neigen dazu, zunächst ausschließlich aus dem Herzen zu leben und jeglichen nur halbwegs logischen Gedanken zu misstrauen. Von ihnen habe ich schon ziemlich interessante Vorschläge zu hören bekommen. Zum Beispiel Stulpen für Katzen! »Die werden 2011 *der* Renner sein, Mike. Ich weiß, meine *Gedanken werden Dinge*. Ich weiß, dass alles möglich ist. Fülle ist mein Geburtsrecht. Stulpen für Katzen werden der letzte Schrei sein!«

Stulpen für Katzen werden *niemals* der letzte Schrei sein. Katzen werden niemals Stulpen benötigen, und ich stelle ernsthaft in Frage, ob irgendjemand wirklich davon überzeugt sein kann, dass Katzen Stulpen brauchen. Die Leute haben einfach nur Angst, sich von einer Idee zu verabschieden, weil sie fürchten, keine weitere zu haben. (»Wer bitte braucht schließlich noch eine Idee bei einer so umwerfenden Erfindung wie Stulpen für Katzen, wo doch das Universum mit von der Partie ist?«) Und damit halten sie sich an einem *verflixten Wie* fest, das ihnen Ruhm und Reichtum einbringen und Katzen und ihre Besitzer auf der ganzen Welt sogar noch glücklicher machen soll. Sie fesseln sich und ihren zukünftigen Erfolg an eine herzensschwere Idee, genau so, wie andere sich an den Wertzuwachs eines bestimmten Gebäudes oder irgendwelcher Aktien oder an eine bestimmte Person als Partner klammern, ohne zu erkennen, welche Beschränkungen sie dem Universum dadurch auferlegen.

All das könnte man sich mit ein wenig logischem Nachdenken sparen. Es stimmt, in unserer Gesellschaft wird logisches Denken im Allgemeinen überbewertet. Ich plädiere auch nicht für den Einsatz der Intelligenz, weil ich sie für so überragend wertvoll halte, denn das ist sie nicht. Doch mit ein wenig Logik kannst du bisweilen einen Weg geringeren Widerstands finden, der durch die unsichtbaren einschränkenden Überzeugungen hindurchführt. Wenn sowohl der Verstand *als auch* das Herz die Entscheidung befürwortet, dann stehen die Chancen gut, nicht in Wettstreit mit anderen schwierigen Überzeugungen zu geraten. Dazu gehören Überzeugungen wie »Das ist unpraktisch«, »Das ist unrealistisch« oder »Lass die Finger davon«. Bring also deinen Kopf *und* dein Herz zum Einsatz, wenn du deinen Weg wählst.

So tun, als ob – das bringt's!

Die Sängerin und Schauspielerin Cher hat das Signieren ihres Namens vor dem Spiegel eingeübt, lange bevor sie berühmt wurde. Larry King führte mit seinen Jugendfreunden im Keller seiner Eltern die ersten Interviews, wobei er einen Hammer als Ersatz für ein Mikrophon benutzte. Jim Carrey war in Hollywood/Kalifornien obdachlos und lebte in seinem Auto, als er auf die Idee kam, sich einen Scheck über zwanzig Millionen Dollar auszuschreiben. Heute stellen die Leute ihm *wirklich* Schecks in dieser Höhe aus. So tun, als ob, bringt total viel.

In einer meiner letzten Audiosendungen – »Das Universum wirksam einsetzen und die Magie in Anspruch nehmen« – habe ich eine ähnliche Geschichte erzählt, die inzwischen einen Nachtrag erhalten hat: Als ich während meiner ersten Welttournee in Brisbane/Australien war, gab ich nach meinem Tagesseminar ein Essen für Prominente. Dort machte ich die Bekanntschaft einer coolen Dame. Sie berichtete uns, dass sie nicht nur einen neuen Mann für ihr Leben visualisierte, sondern auch *so tat,* als sei er bereits da. Sie hatte den Krempel aus ihrer Doppelgarage geräumt und aufgehört, ihren Wagen einfach in der Mitte abzustellen. Sie parkte auf »ihrer Seite«, um Platz für sein Auto zu schaffen. Dann hatte sie einen der beiden Schränke in ihrem Schlafzimmer komplett leer geräumt, damit er, den es in ihrem Leben noch gar nicht gab, seine Sachen unterbringen konnte. Sie schlief nun nicht mehr in der Mitte ihres Doppelbettes, sondern auf »ihrer Seite« und tat so, als läge er neben ihr. Und natürlich klärte sie uns während des Essens auch darüber auf, dass ihr gegenwärtiger Begleiter der Beweis dafür war, dass so tun als ob bestens funktioniert, denn sie lebten nun beide miteinander in ihrem Haus.

Zwei Jahre später erhielt ich einen Anruf von Rhonda Byrne. *The Secret* war bereits zu einem DVD-Kassenschlager geworden, und Rhonda hatte gerade angefangen, das Buch dazu zu schreiben. »Mike, die Geschichte von der Dame in Brisbane, die du in deiner Audiosendung erzählt hast, ist mir nie aus dem Sinn gegangen. Darf ich sie verwenden?« Ich versprach ihr, die Dame zu fragen.

Ich erhielt die Genehmigung und dazu einen kleinen Nachtrag: »Übrigens sind wir inzwischen verheiratet!« So tun als ob – das bringt's wirklich!

Gruß vom Universum

Diese Frage stelle ich den Leuten, die danach streben,
märchenhaft reich zu werden:
»Könntest du nicht einfach so tun, als wärst du
ein Multimillionär?«
»Weißt du, gleich, wenn du mit dem So-tun-als-ob
fertig bist, musst du einfach nur weitermachen.«
Wir treffen uns in der Schlange vor dem Schalter,
das Universum

Es ist alles nur vorgetäuscht. Dein Leben, in diesem Augenblick, ist vorgetäuscht. Wir leben im illusionären Dschungel aus Zeit, Raum und Materie. Und Veränderung manifestiert man, indem man physisch so tut, als habe sich das Leben bereits verändert.

Tu dein Bestes – das reicht immer!

Oft sprechen mich Leute aus dem Publikum an und wollen wissen: »Mike, wie visualisiert man denn? Ich weiß nicht, ob ich es richtig mache.« Oder: »Mike, wenn ich so tue, als ob, dann fühle ich mich wie ein Lügner. Wie macht man das richtig?« Und noch unzählige andere »Wie macht man das?«-Fragen. Die Antwort ist immer die gleiche: Es gibt nicht *einen* Weg, sondern viele. Probier mehrere Verfahrensweisen aus. Gib einfach dein Bestes; das reicht immer aus.

Es gab einmal einen Gruß aus dem Universum, in dem es im Wesentlichen hieß: *Wenn du visualisierst, dann machst du es richtig. Wenn du in gutem Glauben handelst, dann machst du es richtig. Wenn du deine Worte klug wählst, dann machst du es richtig.* Mehr musst du gar nicht wissen. Glaube nicht, dass es irgendeine Herangehensweise für Fortgeschrittene gibt, in die du noch nicht eingeweiht bist. Wenn du einfach dein Bestes gibst, dann wird es *immer* genug sein. Mein ganzes Leben lang habe ich genau das wieder und wieder erfahren.

Andere Fragen lauten: »Mike, ich mache mir Sorgen wegen all meines Gepäcks, weißt du, wegen der Programmierungen, die ich seit meiner Geburt empfangen habe. Ich weiß nicht mehr, was ich glaube oder was ich glauben soll.« Oder: »Was ist mit unseren unbewussten Gedanken? Wie können wir hier Einblick gewinnen?« Oder: »Mike, wie kann ich bloß positiv bleiben? Manchmal verliere ich die Kontrolle über meine negativen, ängstlichen Gedanken.« In allen Fällen gebe ich die gleiche Antwort: »Hört auf, euch Sorgen zu machen. Tut euer Bestes, das ist genug.« Wie ich bereits in *Verändere dein Denken, dann hilft dir das Universum* ausführlich dargelegt habe: Unsere positiven Gedanken sind zehntausend Mal mächtiger als unsere negativen.

Um es noch einmal zu wiederholen: Ein Gedanke ist ein Gedanke ist ein Gedanke. Jeder Gedanke will sich materiell manifestieren. Unser Urteil befindet darüber, ob ein Gedanke positiv oder negativ ist. Aber wir haben bereits im ersten Kapitel festgestellt, dass wir nicht zufällig hier sind. Du warst bereits da, bevor dieses Leben in Zeit und Raum begann, und du hast die Bühne, auf die du geboren wurdest, gewissenhaft und so ausgewählt, *dass du auf ihr wachsen kannst.* Mit ein wenig Schlussfolgern und Beobachten ist diese Tatsache offensichtlich. Wir alle fühlen uns von Geburt an dazu getrieben, uns zu bessern – zu streben, zu lernen und zu wachsen. Und obwohl wir in primitive Zeiten hineingeboren wurden, in denen es den meisten nicht gelingt, sich als die natürlichen Schöpfer zu erkennen, die sie sind, gibt es *mehr* Erfolge als Misserfolge!

Niemand kommt hierher, um sein Leben lang arm zu sein. Niemand kommt hierher, um sein Leben lang krank zu sein. Niemand kommt hierher, um sein Leben lang einsam zu sein. Falls dir deine bisherigen Lebensbedingungen missfallen, du kannst sie verändern. Darum geht es in diesem Buch. Im Leben geht es um Abenteuer. Abenteuer haben mit Herausforderung zu tun, und in den allermeisten Fällen werden Herausforderungen ausgewählt, um sie zu bestehen. Wenn du in Armut herangewachsen bist, dann wäre es treffend zu behaupten, dass du dieses Leben gewählt hast, um Fülle zu erfahren! Armut war *nicht* als der bestimmende Faktor deines Lebens gedacht. Zwar kann man schnell scheinbare Ausnahmen für diese Behauptung finden, indem man auf die hungernden Kinder in Afrika oder sogar in den Vereinigten Staaten und in Europa weist. Trotzdem bleiben sie, was sie sind: Ausnahmen. Seltene Ausnahmen, eingebettet in Gesamtzusammenhänge, die relativ leicht zu verstehen sind, wie wir im siebten Kapitel »Unglück verstehen« noch sehen werden. Dieses Buch jedoch ist für die Millionen Amerikaner und die Milliarden anderer Staatsangehöriger geschrieben, die relativ leicht und unmittelbar Veränderungen in ihrem Leben herstellen können, sobald sie die Wahrheit darüber erfahren haben, wer wir sind, warum wir hier sind und wozu ein jeder von uns fähig ist.

Aufgrund deiner ursprünglichen, beharrlichen und angeborenen Intention, auf der von dir zu diesem Zweck gewählten Bühne zu wachsen, fällt jeder einmal gedachte positive Gedanke sofort in die richtige Spur und mit den Energien zusammen, die zu deinem Daseinsgrund passen. Ein solcher positiver Gedanke befindet sich bereits in Übereinstimmung mit deinem eigentlichen Selbst. Das ist einleuchtend und verstärkt noch das Feuer all deiner Wünsche. Bringst du jedoch einen negativen Gedanken hervor, dann passt er nicht, gleichgültig, wie dunkel dein bisheriges Leben auch zu sein scheint. Er leuchtet *nicht* ein. Du bist eben nicht hier, um unglücklich, krank, einsam und pleite zu sein. Denkst du einen negativen Gedanken, dann ist er unvereinbar mit der Herrlichkeit deines Seins.

Folglich ist ein Gedanke zwar ein Gedanke, der ein Gedanke ist. Doch deine positiven Gedanken sind zehntausend Mal mächtiger als deine negativen – und diese Zahl ist im besten Fall eine krasse Untertreibung. Wenn du also einfach dein Bestes tust und deinem Gepäck oder deinen unbewussten Gedanken nicht allzu viel Aufmerksamkeit widmest, dann ist das immer genug. Mach dir wegen deiner Zweifel und Unsicherheiten keine Sorgen. Geh voran. Vincent van Gogh hat einmal gesagt: »Wenn du eine Stimme in dir hörst, die behauptet, dass du nicht malen kannst, dann male unter allen Umständen, und du bringst die Stimme zum Schweigen.«

Verstehe, warum du tust, was du tust

Diese Überschrift ist so wichtig, weil sie dich in die Lage versetzt, die Reise zu genießen. Dir geht es nicht um den großen Befreiungsschlag. Dein Handeln – deine Babyschrittchen – soll kein Befreiungsschlag sein, der dein Leben rettet oder zum Guten wendet. Damit würdest du dich viel zu sehr unter Druck setzen, und das ist nicht der Grund, warum du tust, was du tust. Verstehe, dein Handeln soll dem Universum die Gelegenheit verschaffen, mit seinen Wundern und seiner Magie in deine alltäglichen Angelegenheiten einzugreifen. In physischer Hinsicht verlangt das wenig mehr von dir, als einfach nur vor Ort zu sein!

Wenn du dich da draußen in der Welt tummelst, an Türen klopfst und Steine umdrehst, dann bist du für das Universum erreichbar. So sind Veränderungen sehr viel leichter zu bewerkstelligen, als indem du alleine vortrittst und den Held gibst. Das würde ohnehin nicht funktionieren. Stattdessen musst du dich als den Ballwerfer begreifen, der dem Universum durch seine verschiedenen Handlungen den Ball zupasst, damit das Universum ihn ins Tor schießt. Und das kann und wird das Universum tun, wenn du nicht aufhörst, ihm Bälle zuzuspielen – selbst dann, wenn deine Pässe im Vergleich zu deinen grandiosen Träumen nur schwach und ungenau kommen.

Das führt mich zu einer weiteren Frage, die mir oft vom Publikum gestellt wird: »Mike, wenn ich *nicht* mit den *verflixten Wies* herumwursteln darf, mich aber *dennoch* physisch in allgemeiner Richtung auf meinen Traum zubewegen soll, ist das nicht ein Widerspruch?« Hier muss wieder darauf hingewiesen werden, dass nicht dein Handeln selbst ein *verflixtes Wie* zu einem *verflixten Wie* macht, sondern *wie* du selbst dein Tun bewertest. Wenn du dich selbst als denjenigen begreifst, der den großen Befreiungsschlag führt, dann handelt es sich um ein *verflixtes Wie*. Siehst du dich jedoch als den Ballwerfer, der mit seinem Wurf das Universum ins Spiel bringt, dann handelt es sich nicht um ein *verflixtes Wie*. Dann bist du in die allgemeine Richtung hin zur Erfüllung deines Traums unterwegs.

Stell dir zum Beispiel zwei Leute vor, die beide Mitglieder im gleichen Rotary Club werden. Der eine betrachtet seine Mitgliedschaft vielleicht als die Gelegenheit, Herrn Mächtig kennenzulernen. Ja, so wird es sein, und er wird mit Herrn Mächtig zu Mittag essen und ihm Witze erzählen, und Herr Mächtig wird sie großartig finden. Und dann wird Herr Mächtig sein Haus bei dieser Person zum Verkauf anbieten. Das nennt man Herumwursteln mit den *verflixten Wies*.

Der andere tritt den Rotariern bei, weil er einfach an eine von vielen Türen klopfen will. Möglicherweise wird er auch noch in anderen Vereinen Mitglied, tätigt bei der Arbeit Kaltakquiseanrufe oder macht auf andere Art Netzwerkarbeit. Diese Person weiß nicht, welche Tür schließlich die gewünschten Ergebnisse zeitigen wird, doch das macht ihr nichts aus, denn sie hat viele der sprichwörtlichen Eisen im Feuer. Diese Person kann ihre Mitgliedschaft bei den Rotariern genießen. Vielleicht sitzt sie sogar neben Herrn Mächtig oder neben einem noch größeren Fisch. Vielleicht neben *Frau* Mächtig! Oder vielleicht trägt die Mitgliedschaft gar nicht dazu bei, ihr Geschäft zu beleben, sondern verbessert lediglich ihre gesellschaftliche Stellung, während das Universum sich eines anderen Feldes bedient, um ihn beruflich voranzubringen. Aus dieser Perspektive betrachtet, ist keine Handlung dieser Person ein *verflixtes Wie*.

Noch einmal sei gesagt, nicht das, *was* du tust, macht etwas zu einem *verflixten Wie,* sondern das, *wie* du dein Tun *siehst*. Sobald du schließlich begreifst, warum du tust, was du tust – weil dir nämlich ein unfehlbares Universum zur Seite steht, das für dich Zusammenhänge herstellt –, kannst du dich frei bewegen und deine Reise genießen, ohne das Gewicht der Welt auf deinen Schultern tragen zu müssen.

Gruß vom Universum

Immer dann, wenn ein großer Traum wahr wird, und ich meine GROSS, wird im Leben der Betroffenen das Unterste zuoberst gekehrt. Gedanken werden erneuert, Worte verändern sich, Entscheidungen werden anders getroffen. Mit Dankbarkeit wird umhergeworfen wie mit Reis bei einer Hochzeit. Prioritäten werden neu geordnet, und der Optimismus erlebt Höhenflüge. Stimmt schon, solche Leute können wirklich lästig sein. All das hättest du dir wohl auch denken können, oder? Doch wärst du auch darauf gekommen, dass diese

*Veränderungen ausnahmslos vor und nicht als Folge der
Traummanifestation auftreten?
Ausnahmslos heißt übrigens immer,
das Universum*

Du schaffst das! Du *kannst* deine Gedanken verändern, deine Worte neu wählen und Entscheidungen anders treffen. Du kannst sogar Dankbarkeit umherwerfen wie Reis bei einer Hochzeit. Du bist fähig, deine Prioritäten neu zu ordnen und deinen Standpunkt zu verändern. Mehr ist eigentlich gar nicht erforderlich. Neues Handeln folgt automatisch. Doch du hast die Möglichkeit, den Prozess tief greifend zu beschleunigen, indem du dein Verhalten so weit wie irgend möglich auf deine Träume ausrichtest statt ausschließlich auf die Umstände, in denen du gegenwärtig lebst.

Du schaffst das!

Ich möchte das Kapitel mit einer ausgezeichneten Übung namens »Schauspielstunde« zum Abschluss bringen. Schauspielern oder so tun, als ob, ist etwas, was meine Mutter, mein Bruder und ich regelmäßig tun, wenn wir beisammen sind, und das schon seit Jahren. Wie gesagt treffen wir uns ungefähr einmal im Monat, erzählen uns gegenseitig, was wir gelesen haben, sprechen über neue Erkenntnisse und Offenbarungen, führen uns gegenseitig durch Visualisierungen oder machen, was uns sonst so einfällt.

Vorspielen

Bei einem unserer Treffen vor vielen, vielen Jahren fingen wir an, uns gegenseitig vorzuspielen, dass unsere größten Träume in Erfüllung gegangen waren. Es ist ein bisschen verrückt, macht aber großen Spaß. Ich erzählte etwas wie: »Mama, stell dir vor, mein Haus auf der Luvseite der Insel Oahu ist fertig. Es wird dir sehr gefallen! Und, sag mal, warum nimmst du dir nicht eine Woche frei, um mich dort zu besuchen, sobald du in L. A. mit Steven Spielberg die Trickversion von *Dandelion – Eine Liebe in Idaho* abgeschlossen hast? Andy, du kannst auch kommen. Wenn du damit fertig bist, Paris rot anzumalen, dann komm doch mit Mama einfach vorbei! Ich leihe euch auch mein Flugzeug.«

Andy übertrumpfte mich: »Danke, aber ich nehme lieber einen Gutschein. Ich habe vor, die Woche mit Jennifer Aniston an der Riviera zu verbringen. Außerdem ist dein Flugzeug viel zu klein für mich und meine Freunde.« Wir ließen nichts aus und spielten nicht nur die Erfüllung unserer *eigenen* wildesten Träume durch, sondern auch die der anderen. Auch wenn wir uns zwischendurch treffen, setzen wir unser Spiel gerne fort. Noch immer rufe ich Andy gelegentlich an einem Nachmittag an und sage etwas wie: »Hallo, rate mal, wer eben angerufen hat, um mich zu bitten, ihm bei seiner nächsten Show in New York zu helfen. Du wirst es nicht glauben, Robin Williams!« Und so weiter.

Lustigerweise rief mich tatsächlich eines Tages irgendeine Berühmtheit an, um mich über das Funktionieren unseres T-Shirt-Geschäfts auszufragen. Ich erzählte Andy davon, und er meinte, ich täte so, als ob. »Ist ja irre«, sagte er. »Sag mal, warum kommst du nicht zum Grillen rüber. Ich habe gerade Besuch von Jay-Z und Beyoncé.« Ich protestierte: »Nein, Andy, die haben mich *wirklich* angerufen! Ehrlich,

ehrlich, ehrlich!« »Na klar, aber vergiss nicht, Dijon-Senf mitzubringen, der ist uns nämlich ausgegangen.« ...

Das So-tun-als-ob fängt an, wahr zu werden. *Irre.*

Du bist dran!

Probier die Übung auf der nachfolgenden Seite aus: Schreib einen deiner Träume auf, der sich bereits erfüllt *hat,* und dazu noch einige der positiven Folgen, die diese Erfüllung für dein Leben hatte. Dann schreib einen Traum auf, der sich erfüllen *wird* – ebenfalls in Verbindung mit den erwarteten Konsequenzen. Teile beide Träume mit einem Freund oder Familienmitglied (oder mit deinem Spiegelbild, falls du niemanden kennst, dem du so verrücktes Zeug erzählen kannst) und sprich dabei von beiden Träumen in der *Vergangenheit – als ob sich beide bereits erfüllt hätten.* Das ist ungeheuer wichtig. Sag nicht: »Dieser Traum ist bereits verwirklicht, und dieser wird sich bald verwirklichen.« Sprich unbedingt von *beiden* Träumen in der Vergangenheit. Dann soll deine Freundin oder das Familienmitglied von ihren Träumen sprechen, *als seien sie bereits wahr geworden,* und schließlich könnt ihr alle miteinander auf diese Weise von euren Träumen erzählen.

Diese einfache Übung ist ungeheuer wirksam, denn sie transportiert dich und deine Vorstellung auf die andere Seite des Vorhangs. Du wirst dazu gebracht, kreativ über die Details deines Lebens nachzudenken, die bald tatsächlich eine Rolle spielen werden, und über sie zu sprechen, als seien sie gegenwärtige Manifestationen – als ob sie alle bereits auf wunderbare und wundersame Weise verwirklicht wären.

Schauspielstunde

Traum, der bereits wahr geworden ist:	Was hat sich daraus Positives ergeben?
_____	_____
_____	_____
_____	_____
Traum, dessen Verwirklichung du dir wünschst:	Welche positiven Folgen erwartest du?
_____	_____
_____	_____
_____	_____

Formuliere Letzteres in der Vergangenheitsform – so, als habe es sich bereits erfüllt:
Ich habe bereits:

_____

_____

_____

KAPITEL 6
Die Schleusen öffnen

Im ersten Kapitel habe ich erklärt, was die Menschen primär davon abhält, ihre Träume zu verwirklichen: Sie missverstehen das Wesen unserer Wirklichkeit. An zweiter Stelle kommt, dass sie nicht aktiv werden: Sie unterlassen die Babyschrittchen, von denen wir bereits gesprochen haben. Und drittens beachten sie ihre außergewöhnliche Einzigartigkeit ebenso wenig wie den Rhythmus ihres inneren Trommlers, wenn sie ihren zukünftigen Weg wählen. Dieser dritte Grund ist das Thema des sechsten Kapitels: Hier geht es um den Mut, den man braucht, um dem eigenen Herzen zu folgen, um man selbst zu sein und so die Schleusentore zu öffnen.

Du selbst sein (oder nicht)

Wir selbst zu sein, sollte uns doch leichtfallen – es sei denn, wir haben zu viel mit den *verflixten Wies* herumgewurstelt.

Football-Helden
Als ich siebzehn Jahre alt war, lebten wir in St. Petersburg/ Florida. Damals zeigten sonntagnachmittags mehrere Fernsehsender Sportsendungen mit den Höhepunkten aus den Sportereignissen der zurückliegenden Woche. Und ich meine damit *nur* die Szenen, die einem den Atem stocken lassen, eine nach der anderen, in Zeitlupe und mit Experten-

kommentaren. Diese schwergewichtigen Footballbestien und neuzeitlichen Gladiatoren, die über den Platz spurten und deren Schweiß bei Zusammenstößen in Fontänen aufs Feld sprüht, schüchterten mich immer ein bisschen ein. Ich fühlte mich an die Darbietung eines übernatürlichen He-Man-Balletts erinnert, wie sie dahinglitten, schwebten, sich drehten, warfen und fingen. Die Fans drehten schier durch! Von der Leine gelassene Blutsbrüder zur Rettung der Menschheit! Ich war außer mir vor gespannter Erwartung. Die heroischen und physischen Leistungen der Spieler wurden so sehr glorifiziert, dass ich noch Stunden, ja Tage nach der Übertragung an nichts anderes denken konnte und nichts auf der Welt lieber werden wollte als ein amerikanischer Footballstar. Diese Kraft, der Glanz, die Cheerleader! Und in meiner Aufregung und Vernebelung vergaß ich der Einfachheit halber, dass mein Spitzname in der Nachbarschaft Tolpatsch-Dooley war. Ich vergaß, dass ich unfähig war, einen Football zu fangen, dass ich unter meinen Freunden der langsamste Läufer war, und sogar, dass ich in Wahrheit nie Freude am Footballspielen gehabt hatte. Aber all das spielte überhaupt keine Rolle, denn *ich sah, was ich sah,* und dabei war es so leicht, *vollkommen zu vergessen, wer ich in Wirklichkeit war.*

Und du, was willst du tun?

In der ein oder anderen Form begegnet mir meine eigene Footballgeschichte auch im Leben anderer immer wieder. Insbesondere bei Menschen, die bisher nichts mit metaphysischen Prinzipien zu tun hatten und ihre Zeit damit zubringen, mit den *verflixten Wies* (und etlichen *verflixten Solltes* auch) herumzuwursteln, bis sie schließlich nicht mehr wissen, was sie selbst eigentlich tun wollen. Sie sehen einen inspirierenden Film oder lesen einen Ratgeber und sagen dann plötzlich: »Meine Güte, Mike, dieser Film/dieses Buch hat mein Leben verändert! Ich könnte der nächste Richard Branson sein. Ich könnte der nächste Mick Jagger sein. Ich könnte die neue Tina Turner sein.« Die Liste der »Könntes« oder »Solltes« ist endlos.

Aber nur, weil dir Mick Jaggers Bühnenauftritte gefallen oder du von den Immobilienverkäufen deiner Nachbarin beeindruckt bist, heißt das nicht, dass du diese Dinge tun solltest oder könntest. *Du kannst nur der oder die nächste Du sein.* Vergiss nicht, wer *du* bist. Ja, natürlich ist *alles* möglich. Das stelle ich gar nicht in Abrede. Aber ich frage dich, was ist es, worauf *du* Lust hast? Was tust *du* gerne, und was sorgt dafür, dass *du* dein Leben aufregend findest? Das sind die entscheidenden Fragen. Dein innerer Trommler ist der, auf den du hören musst, denn wenn du es tust, dann wird, wie man so schön sagt, das Geld, ja, *einfach alles* in Fluss geraten. Lass es nicht zu, dass falsche Motivation dein Herz im Sturm erobert, ob diese Motivation nun die *verflixten Wies* sind oder aber Ruhm und Ehre oder leichtverdientes Geld. Du musst dich auf *dich* einstimmen.

Unbegrenzte Wahrscheinlichkeiten

Das ist es, was die Leute meiner Meinung nach bremst. Die falsche Motivation lässt sie stolpern oder straucheln. Manche missachten ihre innere Beschaffenheit ganz und gar: ihre Vorlieben, ihre Wünsche und ihre Neigungen. Zum Teil lässt sich das vermutlich dadurch erklären, dass sie unbegrenzte *Möglichkeiten* mit unbegrenzten *Wahrscheinlichkeiten* verwechseln (auf mich traf das zweifellos gelegentlich zu und *vielleicht* auch auf dich). Zwischen beiden besteht jedoch ein großer Unterschied! Nur weil alles möglich ist, heißt das nicht, dass alles auch im gleichen Maß wahrscheinlich ist.

Tatsächlich sind die meisten Dinge außerordentlich unwahrscheinlich. Beispielsweise könnte ja wohl innerhalb der nächsten drei Minuten alles nur Denkbare in deinem Leben geschehen, stimmt's? Du könntest das Buch schließen und ein kleines Tänzchen hinlegen, eine Leiter hinaufsteigen, einen Freund anrufen, eine Glühbirne auswechseln, oder vielleicht landen ja auch Marsianer in deinem Hinterhof. Du könntest anfangen, Urdu zu sprechen, oder vielleicht ein Taxi rufen, damit es zurück in das Zuhause deiner Kindheit fährt. (Ich glaube, du weißt schon, was ich meine.) Ja, all diese Dinge sind *möglich,* doch welche davon sind auch *wahrscheinlich?*

Nur sehr, sehr wenige Dinge sind wirklich wahrscheinlich. Am größten in deinem Fall ist die *Wahrscheinlichkeit,* dass du auch die nächsten drei Minuten lang in diesem Buch lesen wirst. Und nach dem Lesen wirst du mit größter Wahrscheinlichkeit das tun, was du normalerweise zu dieser Tageszeit tust – plus/minus ein paar andere Möglichkeiten, die du schon im Hinterkopf hast. Der morgige Tag wird sich vermutlich im Wesentlichen so entfalten, wie er es vor sieben Tagen getan hat. Die nächste Woche wird so ähnlich beschaffen sein wie die gegenwärtige. Zwar sind die Wahrscheinlichkeiten, je weiter man sich auf dem Zeitstrahl vorarbeitet, weniger stark ausgeprägt, und zwar bleiben auch dann noch alle Dinge *ganz und gar* möglich, doch die *Wahrscheinlichkeit,* dass du schließlich nach Madagaskar ziehst, ist verschwindend klein. Das heißt natürlich noch lange nicht, dass die Dinge vorbestimmt sind, denn das sind sie nicht. Aber genauso wenig sind unbegrenzte *Möglichkeiten* auch nur annähernd deckungsgleich mit unbegrenzten *Wahrscheinlichkeiten.*

Eine Flutwelle der Herrlichkeit

Nun will ich einen Schritt zurücktreten und diese Zusammenhänge in einem sogar noch größeren Zusammenhang ansehen. Allzu oft betrachten sich die Menschen, denen die Wahrheit der Wirklichkeit nicht bewusst ist, als eine Art »jungfräuliche Seele«. Sie denken und handeln so, als sei dies ihr erstes (und letztes) Mal im Dschungel von Zeit und Raum. Tatsächlich sind sie jedoch uralte, spirituelle Gladiatoren. Du bist ein göttlicher Riese und wanderst für alle Zeiten im Dschungel von Zeit und Raum umher.

Als du in die gegenwärtige Zeit und in den dazugehörigen Raum eingetreten bist, warst du eine Flutwelle aus Energie, angefüllt mit Wünschen, Neigungen und Vorlieben. Und diese gewaltige Energiewelle war es, die minutiös und mit Bravour die Bühne wählte, auf der du nun dein Leben führst. Zum Zeitpunkt deines Eintritts in dieses Leben und nachdem du auf deiner Flutwelle durch die Ewigkeit geritten bist, wusstest du *genau,* welche Art Abenteuer dich entflammt. Du wusstest genau, welche Art Herausforderungen, nachdem sie durchgestanden waren, dich auf die nächste Stufe heben würden. Das ist der Grund, warum du jetzt hier bist.

Deine Energie und deine Intention waren es, die dich in diese Runde Zeit und Raum gebracht haben. Deshalb ist dein Leben in gewisser Weise mit seinen eigenen unendlich vielen Wahrscheinlichkeiten – dem Spiegelbild deines größeren und allgegenwärtigen Ichs – vorgerüstet. Und trotzdem liegt dein Leben in deinen Händen und ist gänzlich deinen Entscheidungen unterworfen. Und wenn du dich nun entscheidest, innerhalb dieser Wahrscheinlichkeiten zu operieren, dann hast du weniger Widerstand zu erwarten, kannst großartigere Synchronizitäten auslösen und ganz allgemein in größerem Maß Erfolg und Glück finden.

Gute Güte! Plötzlich zu glauben, du könntest die nächste Lady Gaga, der nächste Donald Trump oder wer auch immer sein, heißt, deine eigene Herrlichkeit und alles, was dich hierhergeführt hat, gründlich zu missachten. Doch um es noch einmal klarzustellen, ich behaupte nicht, dass so etwas gänzlich unmöglich ist. Genauso wenig unterstelle ich, dass die Bühne vorbereitet und deshalb vorhersagbar ist, denn das ist sie nicht.

Eine der offensichtlichen Facetten des Lebens in Zeit und Raum ist unser freier Wille. Doch wenn du deinen Weg unter den Wegen auswählst, *die in Übereinstimmung mit deiner außergewöhnlichen Einzigartigkeit sind, dann beginnen die Schleusentore zu erbeben.* Mit einem Mal funktionierst du im Rahmen deiner eigenen unendlich vielen Wahrscheinlichkeiten. Oder du bist, um es noch einfacher auszudrücken, *einfach du selbst.*

Gelegenheiten herbeirufen

Sieh dir die folgenden Kreisdiagramme an. Wenn du dich selbst in die Mitte von »Unbegrenzte Möglichkeiten« stellst, dann siehst du die Linie, die bis zum äußeren Rand des Kreises führt. Diese Linie steht für eine einzige von *unbegrenzt vielen* Richtungen, die du in deinem Leben einschlagen kannst, wenn du dich aus der Mitte heraus bewegst.

Unbegrenzte Möglichkeiten

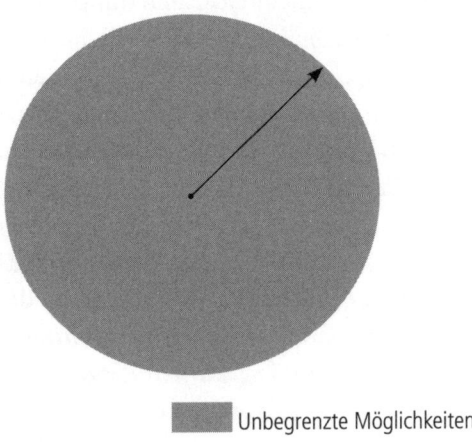

Unbegrenzte Möglichkeiten

Gegenüberstellung der unbegrenzten Möglichkeiten und unbegrenzten Wahrscheinlichkeiten

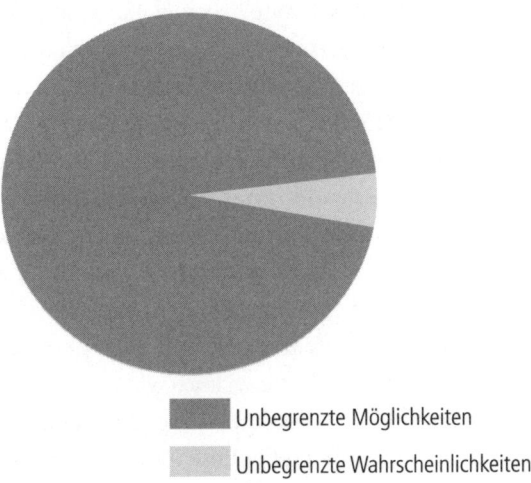

Unbegrenzte Möglichkeiten

Unbegrenzte Wahrscheinlichkeiten

Jetzt betrachte das zweite Kreisdiagramm, in dem unbegrenzte Wahrscheinlichkeiten und unbegrenzte Möglichkeiten einander gegenübergestellt werden. Das Tortenstück, das die Wahrscheinlichkeiten repräsentiert, ist ungleich kleiner als jenes, das für die unbegrenzten Möglichkeiten steht. Das Diagramm soll das Reich der verlockenden *Wahrscheinlichkeiten* in deinem gegenwärtigen Leben zeigen – angefüllt mit all den Abenteuern und Herausforderungen, die dich veranlasst haben, dieses Leben zu wählen. Wenn du *innerhalb* dieses Reiches der verlockenden Wahrscheinlichkeiten operierst, *indem du einfach du selbst bist und die Dinge tust, die du am meisten tun willst,* dann fällt alles wie von selbst an seinen Platz. Außerhalb dieses Reiches zu agieren, ist wie Schwimmen gegen *den* Strom, der du selbst bist und der all jenes umfasst, was dich hierhergeführt hat.

Wenn du deine eigene außergewöhnliche Einzigartigkeit anerkennst, dann erscheinen plötzlich von überall her gute Gelegenheiten. Und je länger du dir selbst treu bist, desto leichter wird das Leben, so viel leichter, dass du eine bedeutsame Aufwärtsspirale des Erfolgs erlebst, die ihren *eigenen* Schwung entwickelt. Ich kann dir sagen, durch meinen heutigen, authentischeren Broterwerb lerne ich mehr Menschen kennen, die mich einladen, bei irgendwelchen sozialen, beruflichen oder finanziellen Projekten mitzumachen, als ich jemals überblicken kann. Das macht unglaublichen Spaß, und, was noch wichtiger ist, es ist viel erfüllender, innerhalb meines eigenen Reiches unendlich vieler Wahrscheinlichkeiten zu arbeiten. Ich habe dennoch meinen Teil an Lektionen zu lernen. Das wird sich vermutlich auch nicht ändern. Wie gesagt, es ist die Herausforderung, die einem Abenteuer die rechte Würze verleiht. Schwierige Tage, Schmerz und zuweilen ein wenig Angst gibt es immer noch. Doch wenn du das große Ganze des Lebens durchschaust, dann kannst du unmöglich in die Opferrolle schlüpfen. Deine Fertigkeiten werden Weltklasseniveau erreichen.

Ein unendlicher Tropfen in einem unendlichen Meer

Vielleicht denkst du anhand der Dinge, die ich in diesem Kapitel sage, dass wir in unserem Tun eingeschränkt sind. Schließlich kannst du ja deutlich sehen, dass die Untermenge der unbegrenzten Wahrscheinlichkeiten erheblich kleiner ist als das Reich der unbegrenzten Möglichkeiten. Um die Wahrheit zu sagen, die Untermenge der Wahrscheinlichkeiten deines Lebens ist höchstwahrscheinlich noch viel kleiner als das, was ich (einigermaßen) willkürlich im Vergleich zu allem, was *wirklich* unbegrenzt möglich ist, in den Kreis eingezeichnet habe. Dennoch verkörpert diese kleinere Untermenge deine *unbegrenzten* Wahrscheinlichkeiten. Was du mit deinem Leben im Rahmen deiner »Wahrscheinlichkeitsmenge« anstellen kannst, ist tatsächlich nicht der geringsten Beschränkung unterworfen.

Angenommen, eine deiner natürlichen Neigungen ist das Unterrichten. Es macht dir Spaß, mit Menschen zusammenzuarbeiten, und sie beim Lernen und Wachsen zu unterstützen. Das Unterrichten ist aber *nur eine* Wahrscheinlichkeit, denn du hast ohne Zweifel noch viele andere Neigungen. Doch lass uns bei dieser einen Wahrscheinlichkeit bleiben und ein paar von den Möglichkeiten herausfinden, die sie einschließt.

Wenn du gerne unterrichtest, musst du dir zunächst die Frage beantworten: *Wie* möchte ich unterrichten? Du könntest es so tun wie ich gerade, indem du schreibst oder Vorträge hältst. Unterrichten kann man von Angesicht zu Angesicht, am Telefon oder durch Audioaufnahmen. Du könntest Videos oder das Internet als Multiplikatoren verwenden oder eins zu eins unterrichten. Oder du tust es auf unkonventionellere Weise, zum Beispiel als Romanschriftsteller, Liedtexter oder Dramatiker. Amy Rand, die amerikanische Autorin und Philosophin, vermittelte ihre Weltsicht in fiktiven Geschichten; sie lehrte durch Romane. Du könntest zum Beispiel Radiomoderator sein. Oder du könntest es wie Bruce Springsteen halten. Er erzählt bei seinen Bühnenauftritten zwischen den Songs humorvolle Geschichten, in die er Moral und Aufrufe zum Handeln verpackt. Die Möglichkeiten, sich als Lehrer zu betätigen, sind tatsächlich unbegrenzt.

Dann stell dir die noch wichtigere Frage: *Was* will ich unterrichten? Du könntest Metaphysik, Biologie, Konversation oder Mathematik lehren. Oder du könntest die Sterne, das Meer, Insekten oder Computer als Thema wählen – auch diese Liste lässt sich unendlich fortsetzen.

Wie du an diesem winzigen Bruchstück der ganzen Bandbreite deiner unbegrenzten Wahrscheinlichkeiten erkennen kannst, gibt es allein für das Unterrichten eine *unbegrenzte* Anzahl möglicher Wege. Und es ist ja nicht so, dass in uns nur ein kleines Bruchstück Widerhall findet. Die gesamte Bandbreite ist groß genug, um dich für den Rest deines Lebens zu begeistern und zu erfüllen. *Nach ihr musst du suchen, mit ihr musst du dich identifizieren.* Du bist eben kein austauschbarer Allerweltsrohstoff wie etwa Geld. Ebenso wenig bist du ein formbarer Lehmklumpen, der daran glaubt, dass jeder die gleiche Chance hat, als Rockstar, Politiker oder Unternehmer erfolgreich zu sein. Wenn du all das außer Acht lässt, was dich zu einem besonderen Wesen macht, dann bringst du dich um deine eigene strahlende Herrlichkeit – die Essenz deiner selbst, die dich unverwechselbar macht. Sei einfach *du selbst.*

Der Mut, du selbst zu sein

Nichts könnte leichter sein, als den Mut aufzubringen, du selbst zu sein. Doch falls dir diese Aufgabe eher wie ein Kampf vorkommt oder dein bisheriges Vorstellungsvermögen sprengt oder wenn du zu denen gehörst, die viel zu lang mit den *verflixten Wies* und *Solltes* herumgewurstelt haben, dann ähnelt deine heutige größte Herausforderung wahrscheinlich der meinen von vor zehn Jahren. Ich erinnere mich noch gut daran, dass ich nach der Auflösung unseres T-Shirt-Geschäfts zu meinem Bruder sagte, *wenn ich doch nur wüsste,* was ich tun will, *dann würde ich es tun.* Ich würde mich darin verbeißen. Ich würde darin wie ein Schwein im Schlamm wühlen und gar nicht mehr aufhören. *Es wäre mein höchstes Glück.*

Aber ich wusste eben nicht, was ich tun wollte. Vielleicht bist du in der gleichen Situation. Oder du fühlst dich durch irgendwelche Vorstellungen in die Irre geführt oder daran gehindert, dich auf dein wahres Wesen einzustimmen. Wenn das so ist, dann lass mich dir eine Reihe von Tipps geben, wie du den Mut aufbringen kannst, dich zu entdecken und du selbst zu sein.

Lass dich von Freude leiten

»Irgendwann wird es dir Spaß machen!« – Hast du dir selbst oder einem anderen Menschen jemals einen solchen Satz gesagt? Klammere dich nicht an das Versprechen einer zukünftigen Dividende. Ich glaube, diese Lehre war eine der wichtigsten in meinem Leben. Zum ersten Mal erteilte mir die Freude ihre Lektion, als ich in einer Jugendmannschaft Tennis spielte. Mit meinen dreizehn Jahren stieg ich relativ spät ein. Das versuchte ich wettzumachen, indem ich stundenlang trainierte. Anfangs machte es riesigen Spaß, und ich wurde schnell besser. Doch schon bald verwandelte sich die Sache in Arbeit – in etwas, das ich nicht tat, weil es mir Spaß machte, sondern weil ich glaubte, ich *müsse* es tun. Es verging kein Jahr, und ich begann, Tennisspielen zu *hassen*. Statt ein bisschen langsamer zu treten oder die Sache ganz auf sich beruhen zu lassen, legte ich mir Gründe zum Weitermachen zurecht: Wenn ich jeden Tag *nur mehr* spielte, meine Freunde im Club zu Wettkampfspielen herausforderte und meinen Aufschlag intensiver übte, dann würde ich *letztendlich* Turniere gewinnen, eines Tages Profi werden und schließlich große Gewinnsummen einstreichen. Und dann, so überlegte ich weiter, würde mir das Tennisspielen endlich Spaß machen.

Es hat nicht funktioniert, und es hätte *niemals* funktionieren können. Wenn du dich gegen den Strich bürstest, egal wie viele Stunden Arbeit und wie viel Schweiß, Blut und Tränen du investierst, kann eine Tätigkeit niemals ein freudiges Unterfangen sein. Und das traf für mich ohne Zweifel auf das Tennisspielen zu. Ich blieb sogar noch weitere *vier Jahre* dabei, wurde aber immer verbitterter. Als ich meinen Spaß an diesem Sport verloren hatte, ging meine Fähigkeit, mich noch zu verbessern, rasch gegen null.

Genauso erging es mir mit der Buchführung. Ich wählte die Tätigkeit des Buchhalters, weil ich glaubte, es zu *müssen,* und nicht, weil ich Zahlen oder den Beruf mochte. Ich weiß schon, die Vorstellung, irgendjemand könne *diesen* Beruf mögen, mutet komisch an. Tatsächlich war ich von hervorragenden und wirklich charismatischen Kollegen und Kunden umgeben, während die meisten Menschen Buchhalter für Menschen halten, die in eingestaubten Büros Erbsen zählen. Ich stellte dagegen fest, dass dieser Beruf denjenigen, die ihn lieben, unbegrenzte Möglichkeiten zur Entfaltung bietet: Sie können ein Unternehmen voranbringen, Personalpolitik betreiben, an der Effizienz des Unternehmens arbeiten und vieles mehr. Meinem damaligen Arbeitgeber PriceWaterhouse-Coopers und den Freunden, die ich dort gewonnen habe, bringe ich den allergrößten Respekt entgegen. Auch meine Karriere in der Firma ließ sich durchaus sehen. Trotz alledem, als ich schließlich kündigte, kam ich mir vor, als würde ich langsam von innen nach außen sterben.

Ein weiteres Mal lehrte mich die Freude ihre Lektion, als meine Mutter, mein Bruder und ich unseren T-Shirt- und Geschenkversandhandel auflösten. Jeder von uns hatte ausreichend Geld, um sich ein paar Jahre treibenzulassen. Also versuchte ich, meine Möglichkeiten auszuloten, die damals allerdings nicht gerade vielversprechend waren. Ich richtete meine Aufmerksamkeit auf *meine am wenigsten unattraktive Möglichkeit* (genau, eine doppelte Verneinung, muss man vielleicht zweimal lesen), denn, um die Wahrheit zu sagen, keine meiner Möglichkeiten warf mich vom Hocker. Aber mir war natürlich klar, dass ich *irgendetwas* tun musste.

Ich hatte die Wahl zwischen vier Optionen. Erste Möglichkeit: Ich konnte meinen Lebenslauf aufpolieren und mir einen Job als Buchhalter suchen.

Die zweite Möglichkeit bestand darin, in einen neuen T-Shirt-Handel einzusteigen, auf den ich gerade aufmerksam geworden war. Diese Möglichkeit erschien mir wie vom Himmel gesandt. Kaum hatten wir entschieden, unseren Laden dichtzumachen, erhielt ich einen Anruf von einem verloren geglaubten Freund, der einen eigenen T-Shirt-Versand eröffnen wollte. Was für ein unglaublicher »Zufall«. Aber nimm dich in Acht! Nur weil etwas anfangs unglaublich oder zufällig zu sein scheint, heißt das nicht, dass es »Bestimmung« ist. Dennoch kam mir die Gelegenheit natürlich wie gerufen. Ich würde in eine brandneue Firma einsteigen, die über eine Viertelmillion Dollar Startkapital verfügte, das andere eingezahlt hatten. Nachdem ich mich mit meinem Freund und den anderen Investoren darüber beraten hatte, wie wir die Markteinführung gestalten würden, waren wir von einer Sache absolut überzeugt: Wir alle befinden uns auf dem Weg zu märchenhaftem Reichtum!

Die dritte Möglichkeit bestand natürlich darin, für tut.com weiterzuschreiben. Ich könnte auch in Zukunft meine wöchentlichen Mails verschicken und dazu die Webseite ausbauen. Doch ich hatte nicht die geringste Vorstellung, wie ich »Wasser aus diesem Fels pressen« könnte.

Und die vierte Option war die Reparatur von Bewässerungsanlagen. Ja, ich kann es nicht erklären, aber ich *liebe* es, mich mit solchen Anlagen zu beschäftigen. Als ich in das Haus zog, das ich 1994 gekauft hatte, musste ich die Anlage dort reparieren. Das machte mir solchen Spaß, dass ich auch die Bewässerungsanlagen der übrigen Mitglieder unserer Hauseigentümervereinigung reparierte – *umsonst,* quasi als Hobby. Ich war einfach begeistert. Ob es an dem PVC lag, an den Formstücken, den Sprinklern oder dem Kleber, weiß ich nicht. Jedenfalls machte mir die Arbeit unheimlichen Spaß. Und an diesem Punkt in meinem Leben wollte ich keine Möglichkeit unberücksichtigt lassen.

Diese vier Wahlmöglichkeiten hatte ich, *aber nicht eine von ihnen schien das Leben meiner Träume anzubieten.* Möglicherweise befinden Sie sich ja gerade an einem ähnlichen Wendepunkt. Sehr oft im Leben finden wir nichts, das dem sprichwörtlichen gelben Ziegelsteinweg aus dem »Zauberer von Oz« ähnelt. Doch statt gar nichts zu tun, bestimme lieber den Wert deiner Optionen. Sollte keine von ihnen besonders attraktiv sein, dann ordne sie auf der Basis der *geringsten Unattraktivität.* So hast du wenigstens *etwas* zu tun und Veranlassung genug, an ein paar Türen zu klopfen. Auf diese Weise hältst du dich für das Universum und die Magie des Lebens erreichbar.

Ich hatte damals beschlossen, an alle vier Türen zu klopfen. So feilte ich an meinen Bewerbungsunterlagen und verschickte sie an Firmen der Buchhaltungsbranche, doch *niemand* zeigte sich in *irgendeiner* Weise interessiert. Ich war schockiert und gleichzeitig irgendwie erleichtert, denn es hatte sich ohnehin nicht richtig angefühlt.

Was das neue T-Shirt-Geschäft betraf, so versetzte es mich zunächst in totale Aufregung. Doch dann erwachte ich eines Morgens mit Schrecken: Ich wollte nicht wieder mit T-Shirts handeln, ganz egal, wie reich ich damit werden würde. Diese Erkenntnis war ein entscheidender Wendepunkt in meinem Leben. Ich zog mich aus dem Unternehmen zurück, noch bevor ich irgendwelche Verpflichtungen eingegangen war.

Also beschäftigte ich mich mit tut.com und meiner Schreiberei. Zum Glück war beides erfolgreich. Dass ich Erfolg mit dem Schreiben hatte, erstaunte *mich* mehr als alle anderen. Mir gefiel diese Art Kreativität. Zusätzlich zum Schreiben erweiterte ich meine Webseite, hob den TUT's Abenteurerclub aus der Taufe und hielt Vorträge über die gleichen Themen, über die ich auch schrieb: das Leben, Träume und Glück. Schließlich entwickelten sich daraus eine erste Welttournee und unser Zusammentreffen auf diesen Seiten hier und jetzt.

Es ergab sich nie die Gelegenheit, meine Leidenschaft für Bewässerungssysteme weiterzuverfolgen. Aber etwas Merkwürdiges geschah trotzdem. Ungefähr zwei Jahre nachdem der Erfolg von tut.com eingesetzt hatte, erhielt ich die Einladung in den neuen »Palast« eines Freundes, der sich in einer sehr exklusiven bewachten Wohnanlage befand. Hinter den Mauern dieser Anlage standen lediglich vierzehn Häuser, jedes von ihnen ein herrschaftlicher Wohnsitz. Eines war besonders beeindruckend, ungefähr zweimal so groß wie alle anderen. Neugierig fragte ich meinen Freund: »Wer um alles in der Welt wohnt denn in diesem Haus, und was macht der Besitzer beruflich?« »Nun ja, das Haus gehört Larry Johansson, er wird der König der Bewässerungsanlagen von Florida genannt.« *Ich wusste es doch!*

Und du solltest es auch wissen: Fülle und Erfüllung können sich auf jedem Weg bereithalten, den du wählst. Das gilt besonders dann, wenn du innerhalb deines Reiches der unbegrenzten Wahrscheinlichkeiten wählst, egal, ob es sich um die Reparatur von Bewässerungssystemen, die Reinigung von Häusern oder um kreatives Schreiben handelt. Also wähle den Weg, der dich *am meisten* begeistert und in die größte Aufregung versetzt, und nicht den, der deinem Verstand als der logischste erscheint. Unter dem Strich zählt nicht das, was in Zukunft die höchste Dividende einspielt, selbst wenn du heute unter den *am wenigsten unattraktiven* deiner Möglichkeiten auswählen musst. Finde heraus, was in deinem innersten Ich den tiefsten Widerhall hat, und mach dich an die Arbeit. Setz dich in Bewegung, und das Universum wird entsprechend reagieren. Dann wirst du, egal, ob es Wochen, Monate oder manchmal auch Jahre dauert, den Tag erleben, an dem du morgens aufwachst und dich fragst: »Wie kommt es nur, dass ich *damit* meinen Lebensunterhalt verdienen darf?« Seit sich das Blatt schließlich zu meinen Gunsten gewendet hat, habe ich mir diese Frage schon tausend Mal gestellt. Lass dich *jetzt* von Freude leiten und nicht von zukünftigen Gewinnoptionen.

Freude heißt nicht, dass Herausforderungen ausbleiben

Wer zum ersten Mal metaphysischem Denken begegnet und davon hört, dass er Freude zu seiner Entscheidungsgrundlage machen soll, der stellt sich gerne vor, dass er von jetzt an auf Zehenspitzen zwischen den Tulpen des Lebens umherschleichen wird und es niemals mehr mit irgendwelchen Herausforderungen oder Ängsten zu tun bekommt. So ist es aber nicht. Ohne Herausforderungen ist das Leben nichts wert. Das kannst du durch Schlussfolgern leicht herausfinden. Außerdem gäbe es ohne Herausforderungen in deinem Leben auch kein Abenteuer. Wie schön wäre es denn wohl, jedes Wochenende im Lotto zu gewinnen? Es wäre überhaupt nicht schön.

Unsere Herausforderungen geben unserem Leben Sinn. Sie helfen uns, eine neue Ebene der Erleuchtung und des Verstehens zu erreichen. Wenn du also einen Weg für dich gefunden hast (weil er in deinem Herzen widerhallt) und es steht eines Tages plötzlich ein Löwe, Tiger oder Bär vor dir, dann bedeutet das nicht, dass du den falschen Weg gewählt hast! In Wahrheit sind solche Hindernisse wohl eher eine Bestätigung dafür, dass wir auf dem *richtigen* Weg sind. Fast ist es so, als treten Herausforderungen gewollt in Erscheinung: Du wählst etwas aus, das du tun willst. Schon bald erkennst du, dass du dafür viel mehr Einsatz bringen musst, als du gedacht hast. Hammermäßig! Bleib dran!

Nachdem ich herausgefunden hatte, wie viel Spaß mir kreatives Schreiben machte, insbesondere das Schreiben über das Wesen unserer Wirklichkeit, dämmerte mir allmählich, dass mich irgendwann einmal jemand dazu auffordern würde, vor einem Publikum über meine Leidenschaft zu sprechen. Allein schon die Vorstellung ließ die Schmetterlinge in meinem Bauch nervös umherflattern. Ich erinnere mich, wie ich hinauf in den Himmel blickte und Flugzeuge sah. Da dachte ich: »Gute Güte, eines Tages, wenn ich öffentlich Vorträge halte, muss ich vielleicht in ein Flugzeug steigen, um dort hinzukommen.« Und *dieser* Gedanke machte mich noch nervöser.

Da hätte ich mich leicht auf meine spirituellen Rechte berufen und sagen können: »Aber hallo, meine *Gedanken werden Dinge,* und das Universum schmiedet um meinetwillen

Komplotte. Ich muss diesen Weg nicht gehen, wenn er mir zu viel Angst macht.« Doch in mir gab es eine noch lautere Stimme, die sagte: »Mike, du redest mit Freunden und Familienangehörigen gerne über das Wesen der Wirklichkeit und magst es, darüber zu schreiben. Außerdem musst du jede Möglichkeit in Betracht ziehen, um deine Einnahmen zu steigern. Wie wäre es also, wenn du diese lächerliche, irrationale Angst, vor einem großen Publikum zu sprechen, endlich einmal abstellst?« An diesem Punkt wurde ich Mitglied bei Toastmasters. Und auch wenn ich etliche Jahre gebraucht habe, um meine Ängste zu überwinden, halte ich jetzt in aller Welt Vorträge und habe dabei riesigen Spaß.

Nebenbei bemerkt geht es mir keineswegs darum, ständig über mich zu sprechen. Aber ich habe festgestellt, wenn ich dem Publikum mitteile, wie verwirrt und verängstigt ich früher war und wie ich die Methoden, die ich heute lehre, selbst erfolgreich angewendet habe, dann finden die Zuhörer sofort Parallelen in ihrem eigenen Leben. Und schon haben sie einen Ausgangspunkt für Veränderung.

Egoismus ist eine Tugend

Hier kommt noch ein schöner Bogenlampenschuss für dich: Egoismus *ist* eine Tugend. Viel zu oft verwechseln die Leute Gedankenlosigkeit mit Egoismus, dabei existiert beides durchaus *auch* unabhängig voneinander. (Das hört sich nicht nach einer besonders spirituellen Erkenntnis an, doch ich stehe dazu.) Wenn jemand versucht, auf Kosten der Menschen, die er liebt und die ihm nahestehen, Gewinne einzustreichen und sein Glück zu vermehren, dann ist das einfach gedankenlos. Wie glücklich kann man denn letztlich sein, wenn das eigene Glück zu Lasten geliebter Menschen geht, sie in Wut bringt und enttäuscht?

Wahrer Egoismus zieht automatisch die Wünsche, Vorlieben und Belange der Personen aus dem direkten Umfeld in Betracht und bemüht sich, sie zu berücksichtigen. Das geschieht nicht unter Ausschluss deiner eigenen Herzenswünsche. Doch wenn du die Möglichkeiten überprüfst, dann gibt es fast immer eine gute Mitte, die kurz- *und* langfristige Wege zum Glück einbezieht. Und das bedeutet zwangsläufig, dass du auf den Gesichtern der Menschen, die dir etwas bedeuten, lieber ein Lächeln siehst.

In seinem Buch *Illusionen* schreibt Richard Bach: »Jeder, der der Welt jemals irgendetwas von Bedeutung gegeben hat, war eine auf göttliche Weise egoistische Seele.« In genau diesem Zusammenhang bezeichne ich Egoismus als eine Tugend. *Wenn du deinen Weg wählst, musst du deine eigenen Wünsche und Vorlieben berücksichtigen.*

Gruß vom Universum

Hiermit möchte ich all meine ergebenen Untertanen daran erinnern, dass ihr nicht meine ergebenen Untertanen seid. Und dass ich die Nase voll habe von all der Aufopferung, dem Nachgeben und Kriechen. Ich, das Universum – die Sonne, der Mond und die Sterne, das Alpha und das Omega und der ganze Rest –, habe ein Paradies in Zeit und Raum erschaffen, damit ich durch euch seine unbegrenzte Herrlichkeit erfahren kann, aus jedem seiner Becher trinken und leben, lieben und fröhlich sein kann auf eine Weise, die mir ohne euch nicht offensteht.

Deine Wünsche sind meine Wünsche für dich. Was du willst und wann immer du es willst – es sind auch meine Ideen, deine Träume sind meine Träume. Du bist das A und O von Zeit und Raum, der einzige Grund für dieses Paradies. Du kannst nichts falsch machen.

Es gibt keine Fehler, alles ist gut. Folgt eurem Herzen
und den Vorlieben, die euch entzücken. Bejaht euch.
Meldet eure Ansprüche an, fordert sie ein und haltet die
Hände hin. Verscheucht eure Zweifel. Steht auf und lebt
so, wie es euch gefällt. Denn, ihr Lieben, ihr könnt das.
Mehr habe ich nie von euch verlangt.
In unermesslicher Liebe bin ich
das Universum

Andere können deinen Träumen nichts anhaben

Sei nicht besorgt, dass jemand dich von deinen Träumen abhalten könnte. Diese Befürchtung wird auf meinen Workshops und in meinen Vorträgen mit am häufigsten geäußert – in der Regel von Leuten, die nur indirekt darüber sprechen, weil sie in Begleitung ihres Partners sind, den sie aber nicht verletzen wollen. Sie stellen Fragen wie: »Was ist, wenn in einer Partnerschaft nur der eine an *Gedanken werden Dinge* glaubt und daran, dass wir spirituelle Wesen sind, zu deren Gunsten das Universum konspiriert? Was, wenn der Partner meint, das sei alles nur Humbug und unnütze Spökenkiekerei?«

Mach dir keine Sorgen. Ein anderer Mensch kann dich nicht von deinem Glück abhalten. Ein anderer kann dich nicht krank machen. Ein anderer kann dich nicht einsam machen. Ein anderer kann dich nicht von der Fülle abschneiden oder von befriedigender Arbeit. *Niemand.* Andere Menschen können deinen Träumen nichts anhaben. Ebenso wenig kannst du den Träumen anderer etwas anhaben. Sonst wären wir nichts weiter als Marionetten, und unser freier Wille wäre nur ein freier Wille unter Vorbehalt.

Selbstverständlich gibt es Situationen, in denen die Partner unterschiedliche Auffassungen haben, zum Beispiel davon, wo ihr Wohnort sein soll. Dann sind Kompromisse erforderlich. Doch in den heiligsten Bereichen deines Lebens, wenn es um Glück, Gesundheit oder die Lebensgewohnheiten geht, bist du unangreifbar. Lass die Leute also ruhig über das lachen, was du tust. Lass sie ihren Glauben haben, halte du dich an den deinen. Und fürchte dich nicht davor, dass irgendjemand dich an einem wunderbaren Leben hindern könnte. Das ist ein Fehlschluss.

Der Sinn deines Lebens ist es einfach, du selbst zu sein

Wenn du atmest, dann erfüllst du deinen Lebenszweck! Hör auf zu suchen. Entspanne dich und amüsiere dich. Verständlicherweise fragen sich die Menschen oft, was ihr Platz im Leben ist. Sie suchen nach einer Nische, die sie in einzigartiger Weise füllen können, die allein für sie geschaffen ist. Sie forschen nach dem Grund ihres Seins, nach ihrem »Lebenssinn«. Ich wiederhole: Solange du atmest, füllst du diese Nische. Kein anderer Mensch kann so sein, Dinge so tun oder sehen wie du. Außerdem hat und *wird* niemals ein Mensch Gefühle so empfinden, wie sie für *dein* Leben und *dein* Abenteuer einzigartig sind. Wenn du hier bist, dann füllst du deine spezielle Nische bereits aus.

Dein Lebenssinn hat genauso wenig mit deinem Beruf wie mit deiner Kleidung oder deiner Ernährung zu tun. Ob du Koch, Banker oder Hundesitter bist, es spielt keine Rolle. Du bist hierhergekommen, um glücklich zu sein, um zu lernen und zu erblühen und um zu wachsen. Es ist dein Vorrecht, dein Ziel auf dem von dir gewählten Weg zu erreichen.

Der Sinn der Lektion: Tu das, was du am liebsten tun willst. Schaffe keine zusätzliche Verwirrung, indem du dir vorstellst, dass es für dich eine vorbestimmte Nische gibt, die du auf irgendeinem vorbestimmten Weg finden musst. Das würde nur zu Zweifel und Zaghaftigkeit führen und dich und deine Babyschrittchen außer Gefecht setzen. Du bist nicht hier, weil du die Welt retten sollst. Ja, selbst wenn es wirklich das wäre, was du von allem am liebsten tun möchtest, dann würde die beste Herangehensweise dennoch darin bestehen, deinem Herzen zu folgen und dein Glück zu finden.

Wenn du feststeckst, riskiere das Unbekannte

Es mit dem Unbekannten zu versuchen, verlangt zwei Dinge: Erstens, du hast dich *wirklich* festgefahren und hast absolut keine Vorstellung davon, was du mit dem Rest deines Lebens anfangen willst, und nichts von dem, was ich bisher zum Besten gegeben habe, hat dir irgendwie weitergeholfen. Zweitens, dein inneres grünes Lämpchen leuchtet auf und sagt dir: »Hallo, ich könnte jetzt gerade ein paar umwälzende Veränderungen in meinem Leben vertragen, *und* ich würde sie bewältigen, ohne meine gegenwärtigen Verpflichtungen zu vernachlässigen.« Wenn diese beiden Kriterien erfüllt sind, dann kannst du einen Versuch mit dem Unbekannten in Betracht ziehen. Und damit meine ich eine große Veränderung in deinem Leben: ein Umzug in eine andere Stadt oder ein anderes Land, eine neue Ausbildung, ein Berufswechsel. Angenommen, dein inneres grünes Lämpchen leuchtet auf, aber du zögerst, die Brücken hinter dir abzubrechen und zum großen Sprung anzusetzen. Dann lass es dir gesagt sein, mit solch umfassenden Lebensveränderungen erhöhst du ausdrücklich die Gelegenheit für das Universum, Einfluss auf dein Leben zu nehmen, Anpassungen vorzunehmen und dir neue Möglichkeiten anzubieten.

Gruß vom Universum

Etwas vorzuziehen oder Vorlieben und Abneigungen
zu haben, bedeutet nicht, dass du Vorurteile hast.
Deine Präferenzen sorgen lediglich dafür,
dass der göttliche Wind, der durch dein Herz bläst,
eine einzigartige Melodie erzeugt.
Also behalte sie nur, sogar im großen Stil.
Du bist toll,
das Universum
PS: Magst du diesen Gruß? Oder magst du ihn nicht?

Achte deine Präferenzen

Wenn du deine Vorlieben nicht achtest, wer soll es dann tun? Niemand sonst kann wissen, was dein Herz bewegt, welches verborgene Geschenk du noch auspacken musst oder was deine innere Stimme dir schon die ganze Zeit zuflüstert. Unsere größte Verantwortung im Leben ist es, uns selbst treu zu sein. Dazu gehört auch, dass wir unsere Neigungen und Abneigungen respektieren. Deine Vorlieben sind das Besondere an dir. Sie sind kein Grund zur Besorgnis, sondern ein Grund zum Feiern. Ob es sich um Hip-Hop-Musik handelt, um großgewachsene Menschen, Blondinen oder Nachtarbeit, Bodybuilding oder Ikebana – wovon du dich auch angezogen fühlst, achte es, ohne dich zu kritisieren! Und geh in die Richtung, die dich anzieht.
Du bist nicht hier, um jeden und alles gleichermaßen zu mögen oder um einen Beliebtheitswettbewerb zu gewinnen. Du bist hier, um dich *in dich selbst* zu verlieben. Wenn dir das gelingt, kannst du dich auch spielend leicht in andere verlieben.

Du schaffst das!

Nun eine kleine Übung, die du vielleicht jetzt gleich machen möchtest. (Du kannst die folgenden Listen dafür wieder als Vorlage für deine eigenen Notizen nutzen.) Zunächst einmal denke an die Dinge, die dir im Leben *allgemein* ganz besonders gut gefallen. Freunde, Reisen, Yoga, Kinder, das Meer? Wähle wenigstens drei davon aus.

Nun schreib auf, was dir am besten daran gefällt, du zu sein, zum Beispiel deine Gedanken, dein Humor, dein Körper und so weiter.

Und zuletzt halte fest, welches die drei wichtigsten Lektionen sind, die du in diesem Leben gerne meistern würdest. Mut zu entwickeln? Geduld zu lernen? Selbstsicherheit zu erlangen? Humor auszubilden? Gute Beziehungen zu haben? Fülle zu schaffen? Im Augenblick zu leben? Einen erfüllenden Beruf zu finden? Was möchtest du gerne schaffen? Du hast deine drei Listen geschrieben? Gratuliere! Du hast gerade herausgefunden, *warum du hier bist.* Das ist er – dein Lebenssinn, wenn du so willst. Da gibt es einige Dinge, die du am Leben und an dir magst, und andere, die du gerne bewältigen möchtest.

Welche drei Dinge gefallen dir am Leben ganz allgemein?

1.
2.
3.
Bei Bedarf kannst du jede der drei Listen auf einem Blatt Papier noch verlängern.

Welche drei Dinge gefallen dir an dir selbst am besten?

1.
2.
3.

Welche drei wichtigen Lektionen würdest du
in deinem Leben gerne meistern?

1.
2.
3.

Nun achte darauf, dass deine Einstellung zu deinem Beruf und deine Babyschrittchen diese drei Listen so gut wie möglich widerspiegeln. Mir ist klar, dass du noch immer nicht genau weißt, was du als Nächstes tun oder was du als das Leben deiner Träume geltend machen willst. Doch immerhin hast du in dieser Übung einiges über dich erfahren. Das kannst du nun mit einbeziehen, wenn du über deine Möglichkeiten nachdenkst. Deine eigene außergewöhnliche Einzigartigkeit zu achten, kann dir als Leitfaden dienen; und es ist immer besser, etwas – irgendetwas – zu tun, statt untätig zu sein. Damit kannst du dich an den zweiten Teil der wundersamen Mechanik der Manifestation heranwagen und dich in Richtung der Erfüllung deiner Träume bewegen. Mach eine Bestandsaufnahme deiner selbst, der Dinge, die du liebst, und deiner Vorstellung, wie du wachsen willst. Vergiss nicht, welche Vorteile es hat, wenn du innerhalb deiner eigenen Untermenge der unbegrenzten Wahrscheinlichkeiten operierst. Zum einen wählst du aus einem Angebot, das in dir den größtmöglichen Widerhall findet. Zum anderen wirst du, indem du in diese Richtung handelst und außerdem berücksichtigst, wer du wirklich bist, die Schleusentore *wirklich* zum Erbeben bringen! Genau dann setzen sich gigantische Räder hinter dem Vorhang von Zeit und Raum zu deinen Gunsten in Bewegung. Legionen werden herbeigerufen, um dir zur Seite zu stehen. Günstige Gelegenheiten und Zufälle eröffnen sich dir, Fügungen und Entdeckungen schwappen in Wellen über dich hinweg.

Das Leben entwickelt sich so, wie du es dir immer schon vorgestellt hast, sobald du deine eigene außergewöhnliche Einzigartigkeit zu achten oder wenigstens wahrzunehmen beginnst und den Mut aufbringst, deinem Herzen zu folgen. Das geschieht auch dann, wenn deine ersten Schritte alles andere als glamourös oder sexy sind oder du vielleicht sogar deine unattraktivsten Möglichkeiten gewählt hast. Bitte beschäftige dich mit diesen Fragen, denn vor allem in diesem Bereich machen sich die Leute etwas vor und bremsen sich selbst. Du bist der Kapitän auf deinem Schiff, und vor dir liegt nichts als ein prächtiger Horizont.

KAPITEL 7
Unglück verstehen

Unglück zu verstehen kann schwierig sein. Doch, wie gesagt, wenn du einige Bereiche der Wirklichkeit nicht verstehst, beraubt dich das deiner Handlungsgewalt. Möchtest du deine göttliche Macht bewusst einsetzen, dann ist es deine Pflicht, dir auch die kniffligen Fragen zu stellen.

Allgemein ausgedrückt: Das Leben ist erfassbar. Wir können begreifen, wie Dinge funktionieren, warum wir hier sind und was mit unserer Zeit im Raum anzufangen ist. Das Leben ist logisch, intuitiv und erfüllt von Sinn. Und auch wenn wir nicht jede Nuance sogleich erfassen, so spüren wir dennoch seine Ordnung und Vollkommenheit.

Warum geschieht Böses?

Obwohl wir die Ordnung und Vollkommenheit des Lebens erspüren können, habe ich mich früher immer gefragt (und vielleicht tust auch du es noch): »Warum geschieht Böses in diesem Garten Eden, in dieser Bastion der Vollkommenheit, die ansonsten erfüllt ist von Ordnung, Liebe und Herrlichkeit?« Man braucht nur die Nachrichten anzustellen, um zu erkennen, dass es in unserer Welt von Alptraumgeschichten wimmelt, von Menschen, die einander verletzen, und Tieren, die leiden. Da könnte einem glatt schwindelig werden.

Eine neue Weltsicht

Eines Tages quälte ich mich mit der Frage, warum Böses geschieht, als mir plötzlich »ein Licht aufging« (so ist es jedes Mal, wenn ich mich nur lange genug mit etwas beschäftige). Ich erhielt die Antwort auf meine Frage, doch ich warne dich, auf den ersten Blick kommt sie einem äußerst naiv vor. Die Antwort lautet nämlich: In Zeit und Raum geschieht *nichts* Böses. Die Frage ist auf verhängnisvolle Weise falsch gestellt, denn sie *setzt voraus,* dass Böses geschieht. Es *scheint* nur so, dass Böses geschieht, wenn man so dicht an dem Vorfall dran ist, dass man ihn aus dem Zusammenhang gerissen wahrnimmt.

Ich behaupte nicht, dass innerhalb der Illusionen von Zeit und Raum keine entsetzlichen, abscheulichen und widerwärtigen Dinge passieren. Zweifelsohne geschehen sie. Auch behaupte ich nicht, dass es Schmerz, Leid und Menschen, die Böses tun, nicht gibt. Vielmehr behaupte ich, dass hinter jedem dieser »bösen« Ereignisse viel mehr steckt, als wir mit unseren physischen Sinnen erfassen können. Damit will ich Folgendes sagen: Wenn du weit genug zurücktrittst, so weit, dass du eine beliebige Situation in ihrem Kontext erfassen kannst, dann wirst du immer Sinn, Bedeutung, Heilung und Liebe wahrnehmen.

Widersprüche gibt es nicht

Bevor ich fortfahre, will ich hinzufügen, dass mir die Vorstellung, dass es nichts Böses gibt, sinnvoll erscheint. Selbstverständlich wirft diese Sichtweise zunächst gigantische Fragen auf (mit denen ich mich gleich befassen werde). Aber kann es denn überhaupt einleuchten, dass in der Herrlichkeit der Schöpfung, in Gottes Paradies, auf dieser Spielwiese göttlicher Intelligenz *tatsächlich* Böses geschieht? Ich finde nicht. Es ist nicht einleuchtend, dass Komplexität und Liebe in einer Vollendung existieren, die der menschliche Geist gar nicht ausloten kann, und dass sich zugleich niederträchtige, abscheuliche, widerwärtige Dinge ereignen. Das würde doch bedeuten, dass Gott irgendeinen Fehler gemacht hat – entweder bei der Erschaffung des Kosmos oder bei der Schöpfung der Menschheit, die sich, *für Gott* unvorhersehbar, als führerlose Lokomotive der Schlechtigkeit entpuppt hat. Eine solche Vorstellung macht natürlich unsere Schlussfolgerung im ersten Kapitel zunichte: dass wir nämlich Gott in Reinform sind.

Ayn Rand schrieb Folgendes über das Wesen der Wirklichkeit: »Widersprüche gibt es nicht. Immer, wenn du glaubst, auf einen Widerspruch gestoßen zu sein, dann überprüfe deine Prämissen. Du wirst feststellen, dass du mit einer von ihnen falschliegst.«

Dass in dieser ansonsten vollkommenen Welt Böses geschieht, ist ein scheinbarer Widerspruch. Begreife ihn als Hinweis auf eine umfassendere und tiefere Antwort. Diese Antwort lautet immer gleich: Wenn du dich weit genug entfernt von einer Erfahrung befindest, um sie in einem größeren Zusammenhang sehen zu können, dann ermöglicht dir diese neue Sichtweise die Erkenntnis: In Zeit und Raum geschieht nichts Böses.

Krebs

Ich habe das Privileg, viele überlebende Krebspatienten kennengelernt zu haben. Fast jeder von ihnen hat mir erklärt und mich damit schockiert, dass für sie der Krebs mit das größte *Geschenk* ihres Lebens war. Geschenk?! Haben sie damit die invasive Krankheit gemeint, die ihre Zellen zerstört hat? Natürlich nicht! Das würde bedeuten, die Krankheit aus ihrem Zusammenhang zu reißen. Sie meinten die *Gesamtheit* der Erfahrung und das innere Wachstum, das sie dem Krebs verdankten.

Versöhnung schaffen

Mir ist klar, dass jede Krebserkrankung ein Fall für sich ist. Krebs beruht auf ebenso vielen Gründen und verborgenen Intentionen, wie es Krebspatienten gibt. Doch manchmal kann Krebs (und im Grunde jede Krankheit) zum Beispiel Familienmitglieder oder Freunde wieder zusammenführen, die zuvor durch unüberbrückbare Differenzen auseinandergegangen waren. In solchen Fällen bleibt die Liebe und Freundschaft bestehen, nachdem der Krebs besiegt ist – unter anderen Umständen wäre das vermutlich undenkbar gewesen. War für diese Menschen der Krebs nun Fluch oder Segen? Mir haben sie gesagt, ein Segen.

Mehr Wertschätzung

Mir sind viele Menschen begegnet, die ihr Leben als einen solchen Kampf und ihre Lebensumstände als so »ungerecht« empfanden, dass sie zu mir sagten: »Wenn es Reinkarnation wirklich gibt und wenn wir wirklich ein Mitspracherecht haben, *dann komme ich nicht zurück*. Das war's. Mir reicht's!« Stell dir vor, ein Arzt teilt einem solchen Menschen mit, dass er noch genau zwölf Monate zu leben hat. Du wirst erstaunt sein, wie gut ihm nach diesem »Todesurteil« am Morgen der Kaffee wieder schmeckt. Manche Patienten haben mir erklärt, dass sie erst nach einer solchen Nachricht die Sonnenaufgänge und Sonnenuntergänge wieder richtig zu schätzen wussten. Plötzlich stellten die einfachsten Dinge ihre Welt auf den Kopf. Nachdem sie den Krebs besiegt hatten, blieb die neue Wertschätzung erhalten. War der Krebs für diese Menschen Fluch oder Segen? Mir haben sie gesagt, ein Segen.

Die eigene Macht neu entdecken

Nun stell dir einen Menschen vor, der sich unfähig fühlt, Veränderung in seinem Leben zu manifestieren. Solche Menschen haben meist das Gefühl, dass ihnen niemand zuhört. Sie fühlen sich machtlos und deprimiert. Kaum wird ihnen von einem Arzt ihr baldiger Tod bescheinigt, brechen sie plötzlich einen inneren Kampf um das eigene Überleben vom Zaun. Sie besiegen die meistens tödliche Krankheit und gewinnen dadurch neue Macht, die ihnen hinfort in ihrer Welt zur Verfügung steht. Bisher meinten sie, diese Macht würde ihnen fehlen. Doch der Sieg über eine »unheilbare« Krankheit hat sie eines Besseren belehrt. War der Krebs für diese Menschen Fluch oder Segen?

Sobald man also ein beliebiges Vorkommnis aus genügender Entfernung betrachtet, erkennt man den Gesamtzusammenhang und damit immer auch Sinn, Bedeutung, Heilung und Liebe.

Jeder kann Krebs besiegen!

Und was ist mit den Krebspatienten, die ich nicht kennengelernt habe, weil sie der Krankheit nicht standgehalten haben und gestorben sind? Was hätten sie mir wohl gesagt? Genau das Gleiche. Erstens sind sie aus einer umfassenderen Perspektive gar nicht tot! Du weißt bereits, dass sich eine neue Tür öffnet, sobald sich eine andere schließt. Sie alle sind noch ebenso lebendig wie zuvor in ihren Körpern, und ihre Gedankenabenteuer haben ewigen Bestand. So betrachtet *kann jeder den Krebs besiegen!* Doch aus Gründen, die nur sie selbst kennen, war ihre physische Uhr abgelaufen. Sie waren *bereit,* über Zeit und Raum hinauszugehen. Und ihr höchstes Selbst hat die Art des Abschieds gewählt, die ihnen und den von ihrem Tod Betroffenen den höchsten Gewinn einbrachte. Sie wussten, was sie taten.

Dem Opfer die Schuld geben?

Das führt uns zu einer weiteren Frage, die in den Medien gestellt wurde, aber auch von einigen Teilnehmern meiner Vorträge: die Frage nach der Schuld. Die Leute sagen: »Nun, *Gedanken werden Dinge* kann ich nachvollziehen. Und das Gesetz der Anziehung verstehe ich auch. Aber bedeutet das nicht, dass derjenige, dem etwas Unangenehmes zustößt, selbst schuld ist?« Man wirft mir gelegentlich vor, ich würde dem Opfer zusätzlich zu seinem Leiden auch noch die Schuld in die Schuhe schieben. Doch Begriffe wie »Schuld« und »Opfer«, die von anderen verwendet werden, setzen automatisch Dinge voraus, die ich nicht voraussetze. Wir sind Schöpfer – Funken göttlicher Intelligenz. Wir sind hierhergekommen, um die Freigebigkeit unserer eigenen Kreativität zu schmecken und um zu sehen, zu lernen und sachkundig zu entscheiden, was in unserer eigenen Ecke von Zeit und Raum geschehen soll. Ist etwa ein kleines Kind daran schuld, dass es beim Laufenlernen dann und wann hinfällt? Oder löst der Begriff »Schuld« hier nicht doch das Ereignis aus dem Gesamtzusammenhang? Auch das Etikett »Opfer« ist unangemessen, wenn Ursachen und Wirkungen in Zeit und Raum spirituell erklärt werden.

Menschen erleiden Krebs, Aids und andere Krankheiten und verfolgen damit ihre eigenen Ziele und Absichten. Solche Erfahrungen gehen einher mit Lektionen für den Patienten und die Menschen, die ihm nahestehen. Die Lektionen können die Wiederentdeckung der eigenen Macht beinhalten, die wiedergefundene Wertschätzung der Herrlichkeit des Lebens, die Fähigkeit zum Verzeihen – die Liste ließe sich endlos fortsetzen. Das heißt natürlich nicht, dass unsere Entscheidungen nicht gelegentlich auch ungewollte Folgen haben. Doch diese haben ihre Ursache allesamt in unserer größeren, ganz und gar frei getroffenen Entscheidung, in den manchmal verzwickten, aber immer bereichernden Illusionen von Zeit und Raum zu leben.

Kinder und ihre Gedanken

In eine ähnliche Richtung geht es, wenn ich zum Leiden von Kindern befragt werde – zum Beispiel Kinder, denen Gewalt angetan wird oder die ermordet wurden, noch bevor ihr Leben richtig beginnen konnte. Auch hier besteht die Fehleinschätzung, dass wir alle diese Welt als neue Seelen betreten und deshalb keine Wahl haben. Doch wir sind unsterbliche Wesen, und Zeit ist eine Illusion, die aus einer umfassenderen Wirklichkeit erwächst. Ist es angesichts dessen nicht offensichtlich, dass wir auf der Zeitachse nicht nur in die eine, sondern auch in die andere Richtung – also in Vergangenheit *und* Zukunft – ewig sind? Und wenn du das erkennen kannst, dann weißt du auch, dass wir alle bereits gelebt haben, bevor dieses Leben begann. Folglich muss es unsere eigene Entscheidung gewesen sein, hierherzukommen.

Dann wird mir gerne die Frage gestellt, wo denn die heutigen fast sieben Milliarden Menschen alle waren, als die Gesamtbevölkerung der Erde nur ein paar hunderttausend betrug. Diese Fragestellung setzt voraus, dass die verschiedenen Leben eines Menschen unmittelbar aufeinanderfolgen, dass es nur eine Zeit-Raum-Welt auf einer Zeitachse gibt und dass folglich alle Menschen zugleich hier sein müssen. Doch es gibt unbegrenzte Welten, unbegrenzte Zeitachsen und vielleicht auch eine unbegrenzte Zahl potenzieller »Persönlichkeiten«, die sich dafür entscheiden, Zeit und Raum zu erfahren.

Zurück zur Eingangsfrage: Kinder sind keine neuen Seelen. Wir alle sind uralte, abenteuerbegeisterte Gladiatoren. Bei jedem Eintritt in die Arena von Zeit und Raum haben wir uns bewusst eine Bühne für das jeweilige Leben gewählt – immer mit guten Gründen. Manche Menschen wussten, dass sie ein kurzes Leben haben würden, doch noch nie war die Dauer eines Lebens proportional zu seiner Qualität. Außerdem ist die Lebensdauer zweitrangig, wenn man aus der Ewigkeit kommt und wieder in sie zurückkehrt. Am wichtigsten ist das Abenteuer selbst, und *das beste Abenteuer ist immer jenes, das uns direkt zur Liebe führt.*

Warum sollte ein Leben gewählt werden, das abrupt mit Gewalt endet? Nun, da wir als unsterbliche Wesen nichts zu verlieren haben, muss die Antwort in dem Abenteuer zu finden sein, das das Leben uns oder anderen ermöglicht. Möglicherweise erlauben wir uns eine Bühne, auf der uns Gewalt angetan wird, weil dies Umstände erzeugt, durch die der Täter die Dummheit seines Handelns schließlich begreift, und so Heilung geschehen kann. Oder wir stellen uns dem Unglück in den Weg, damit es andere verschont. Oder aber wir wollen anderen und uns selbst helfen, die geistigen Qualen zu verstehen, die zu Gewalt führen oder aus ihr entstehen. Es könnte auch um den Schock gehen, der die Zeugen solcher Ereignisse wachrüttelt und sie dazu bewegt, besser auf ihre eigenen Gedanken, Worte und Handlungen und die daraus resultierenden Konsequenzen zu achten. Die Zahl der möglichen Gründe ist unbegrenzt.

Die kleinsten Helden

Weil diese Erklärungen allem widersprechen, was wir gelernt haben und was uns unsere physischen Sinne über den Ablauf unseres Lebens mitteilen, wollen wir sie anhand eines Beispiels tiefer ergründen. Angenommen, du hast einen alten »Seelenfreund«, und ihr beide liebt einander inniger, als du es in deinem gegenwärtigen Leben jemals erlebt hast. Ihr habt ein Leben nach dem anderen gemeinsam verbracht, habt in Zeit und Raum zusammen Possen getrieben, teilt eine Vorliebe für bestimmte Abenteuer und lernt die gleiche Art Lektionen, bis dein bester Freund sich für ein paar Spaziergänge ohne dich entscheidet. Für dich sind diese Spaziergänge von keinerlei Interesse, und obgleich sie deinem Freund irgendwann einmal zugesagt haben müssen, haben sie bei ihm mit der Zeit nur Verwirrung, Orientierungslosigkeit und Angst bewirkt – *große* Angst. Du bist entsetzt, denn eines um das andere Leben nimmt seine Verwirrung so weit zu, bis er dich schließlich gar nicht mehr *erkennt*. Und was noch schlimmer ist, du erkennst, dass er sich in Wut, Zorn und Gewalt flüchtet, um seine Angst zu bekämpfen. Durch diese Strategie möchte er mit dem Entsetzen fertig werden, das ihn nun ohne Unterlass quält. *Du wünschst dir nichts sehnlicher, als zu helfen.*

Du möchtest also von Nutzen sein und deinen Seelenfreund darin unterstützen, Heilung und Wiederherstellung zu erfahren. Angenommen, dir wird gezeigt, dass du das tun *könntest*, indem du in seinem nächsten Leben sein Kind bist. Falls du dich dazu entschließt, so wird dir versprochen, soll ein Funke des Wiedererkennens und tiefe Liebe euch als Elternteil und Kind miteinander verbinden, auch wenn ihr in diesem Augenblick den Sinn nicht versteht. So groß soll die zwischen euch aufwallende Liebe sein, dass dein längst verloren geglaubter Freund seit vielen, vielen Leben nichts Vergleichbares mehr empfunden hat.

Außerdem wird dir mitgeteilt, dass dein Seelenfreund trotzdem Angst vor seinem Leben haben und seine Wut- und Gewaltausbrüche fortsetzen wird. Einige seiner Ausbrüche könnten sich direkt gegen dich richten. Du erkennst jedoch, dass dein Freund, wenn er den einzigen Menschen verletzt, den er liebt, endlich das zerstörerische Wesen seines Verhaltens durchschaut. Er versteht schließlich, dass Wut und Gewalt niemals eine Lösung sind, sondern alles nur noch schlimmer machen. Dann, und nur dann, wird die Heilung deines Freundes vorankommen – in Lichtgeschwindigkeit.

Würden die Dinge sich tatsächlich so verhalten, wie eben geschildert, und du bekämst die Gelegenheit, die Hand auszustrecken und eine Rettungsleine zu sein, würdest du dich freiwillig melden? Würdest du den Auftrag annehmen? Ich glaube, du würdest es tun. *Insbesondere* deshalb, weil es der Scheitelpunkt deines Bewusstseins wäre, der dir diese Möglichkeit anbietet und du daher das vollständige Spektrum der Wirklichkeit siehst. Auch die Schönheit des Lebens und dein unsterbliches Sein sind dir bei dieser Entscheidung ganz und gar bewusst. Du weißt, dass du *absolut nichts* zu verlieren hast und noch weitere sieben Billionen Leben führen kannst, wenn du willst. Du verstehst, wie groß der potenzielle Gewinn ist, wenn du diese Wahl triffst.

Selbstverständlich hast du die Wahl und bist nicht *gezwungen* mitzumachen. Doch wenn du dich dagegen entscheidest, dann muss deinem Freund, wenn er dieses Leben fortsetzt und einem anderen Kind Gewalt antut, wohl *ein anderer* geholfen haben. Ein anderer *muss angeboten haben,* die erforderliche Rettungsleine zu sein, denn sonst könnte eine weitere Gewaltanwendung nur ein willkürlicher Zufall sein. Und diese Alternative macht alle Schlussfolgerungen zunichte, die wir im ersten Kapitel ermittelt haben. Damit wäre auch in Abrede gestellt, dass Gedanken zu Materie werden und dass wir spirituelle Wesen sind, die ihre Wirklichkeit selbst erschaffen.

Mit Verstehen geht Macht einher

Auch das Thema in diesem Abschnitt ist schwer zu begreifen. Doch ich möchte selbst das letzte Fragezeichen ausräumen, das dich davon abhalten könnte, das Leben zu verstehen. Ich will mich hier nicht rechtfertigen, sondern etwas Grundsätzliches erklären. Einem Arzt, der Aids oder Krebs erklärt, geht es ebenfalls nicht darum, diese Krankheiten zu rechtfertigen. Indem er sie erläutert, trägt er zur Bildung und Ermächtigung derjenigen bei, die seine Botschaft hören. Das ist auch die größte Hoffnung, die ich für meine Lehre hege.

Außerdem bedeuten meine Erklärungen nicht im Entferntesten, dass wir jenen, die durch andere gelitten haben, nicht helfen sollen. Gelegentlich wählen Menschen »Unglück«, um bei den Zeugen einen Bewusstwerdungsprozess auszulösen. Und mit einem Mal erwacht in den Herzen dieser unbeteiligten Beobachter Mitgefühl und Empathie – nicht nur für die Leidtragenden, sondern auch für andere Menschen, die sie lieben oder bisher übersehen haben.

Nichts ist zufällig, nichts geschieht willkürlich. Alles ist immer von Sinn, Zweck, Heilung und Liebe erfüllt. Ich möchte hier nicht zu weit vom Thema abschweifen. Wenn du Englisch verstehst, kannst du den »Ask Mike«-Bereich auf meiner Webseite tut.com ansehen, falls diese Art Erkenntnisse dich interessieren oder quälen. Dort findest du mehr als hundert verschiedene Fragen, die ich beantwortet habe. In manchen geht es um Krieg, Katastrophen und Selbstmord, in anderen um Glück, Liebe und die Manifestation von Veränderung. Du wirst sehen, dass es dort einen Bereich »War and Disasters« (Krieg und Katastrophen) gibt. Unter dem Stichwort »Tsunami« findest du eine Erklärung für Massenereignisse wie den Tsunami im

Indischen Ozean im Jahr 2004 oder das Erdbeben auf Haiti im Jahr 2010.

Wenn du das verstehst, musst du nicht durchs Leben gehen und denken, dass guten Menschen böse Dinge zustoßen. Zwar erscheint uns diese Vorstellung manchmal als tröstlich, doch sie ist nur eine Übergangslösung, die dich davon abhält, die Herrlichkeit des Lebens zu erkennen und deine ganze Macht zu entdecken.

Gruß vom Universum

*Alle, die wissen wollen, warum sich in einer
märchenhaften Welt mit einem liebenden Universum
böse Dinge zutragen, frage ich, geschieht das denn
wirklich?*

*Warum nur ziehen so viele in Zeit und Raum Schlüsse,
die allein auf der Wahrnehmung ihrer physischen Sinne
beruhen? Als ob die physischen Sinne jemals von Nutzen
sein könnten, um das Ätherische zu erklären.*

Als ob ein Fehler überhaupt hätte geschehen können.

*Und als ob sie – auf der Basis ihrer eigenen
Unsterblichkeit – noch nicht begriffen hätten,
dass das Leben ewig fortdauern muss.*

Ja, »toll …«

Das Universum

Depressionen und unangenehme Emotionen

Wir wollen noch über etwas anderes sprechen, das uns allen vertraut ist: Depressionen und andere verunsichernde Gefühle, wie zum Beispiel sich von der Welt abgeschnitten, ausgeschlossen, machtlos, abhängig oder heimwehkrank (selbst im eigenen Heim) fühlen. Hast du in den zurückliegenden zwölf Monaten unter einem dieser Gefühle gelitten? Ja, vielleicht sogar diese Woche oder gar heute? Lass dir sagen, *das ist normal.*

Du würdest dich wundern (oder vielleicht auch nicht), wie viele Menschen mich ansprechen, weil sie sich ernsthaft Sorgen über ihren geistigen Zustand machen. Sie leiden unter Zweifeln, sind gelegentlich depressiv oder schaffen es einfach nicht, vierundzwanzig Stunden an sieben Tagen in der Woche glücklich zu sein. In Anbetracht der Größe des gewählten Abenteuers säumen solche Bodenwellen und Schlaglöcher zwangsläufig unseren Weg. Die Reise des Lebens ist voller Herausforderungen und kein Sonntagsausflug. Natürlich soll man sich nicht in unangenehmen Gefühlen suhlen, denn das würde nur ihren Fortbestand fördern. Doch es ist sicherlich erforderlich, dass du mit dir ein wenig nachsichtiger bist und dich weniger kritisierst und verurteilst.

Liebe Leserin, lieber Leser, mit dir ist alles in bester Ordnung. Du bist *nicht* fehlerhaft oder kaputt, nur weil du noch nicht das »vollkommene, glückliche Leben« führst, das du dir für dich vorstellst. Solche traurigen Schlussfolgerungen lassen sich nur auf die eben erwähnten Symptome zurückführen (die Schlaglöcher und Bodenwellen), sie sind ebenso beklagenswert wie lähmend. *Du bist ein einzigartiges Geschenk des Universums an das Universum, und du wirst über alle Maßen geliebt!* Du verdienst es und hast dir das

Recht erworben, dich zu entspannen und Spaß an der Reise zu haben.

Gruß vom Universum

Du weißt natürlich, warum du hier bist, nicht wahr?
Weil du der Herausforderung nicht widerstehen
konntest!
Nichts in der gesamten Schöpfung oder in irgendeinem
Bereich des Universums lässt sich damit vergleichen,
wenn man wie du ohne Erinnerung an die eigene
Vergangenheit in Zeit und Raum hineingeboren wird.
Du musst dich alleine zurechtfinden, wenn du dich
verirrst, dir selbst Mut machen, wenn du dich fürchtest,
und selbst die unendliche Macht anzapfen, die dir bei
Herausforderungen zur Verfügung steht. Du bist den
Elementen ausgeliefert, um deine Vorherrschaft über sie
neu zu entdecken.
Du wirst von deinen Leidenschaften angetrieben,
damit du dich über die bescheidenen, nackten Anfänge
erhebst und schließlich die Illusionen durchschaust,
deren Gefangener du bist. Damit du dich einmal hoch
oben auf dem Thron deines kommenden Königreichs,
in dem alles begann, wiederfindest.
Nun, entweder so ... oder du wirst auf die Probe
gestellt.
Kaiserwetterlich,
das Universum

Ich kann mir keine wagemutigeren Abenteurer als dich und mich vorstellen. Ich lese sehr wenig, doch die meisten Bücher, die ich gelesen habe, wurden gechannelt wie etwa die *Gespräche mit Gott* von Neale Donald Walsch und das *Seth-*

Material von Jane Roberts. In diesen und anderen Büchern ist die Rede von »Engeln«, die unsere Anwesenheit wahrnehmen und uns auf unserem Planeten Erde umgeben, die jedoch niemals auch nur ein Leben in der Illusion von Zeit, Raum und Materie zugebracht haben. Die genannten Autoren stimmen darin überein, dass diese Engel uns, die wir den Sprung in die Illusionen gewagt haben, mit *absoluter Ehrfurcht* betrachten. Sie verehren uns. Sie verehren *dich* wegen deines fast unvorstellbaren Mutes, der dich veranlasst, einen Weg einzuschlagen, den nur relativ wenige vor dir zu wählen gewagt haben: Du hast dich an einen Ort begeben, an dem du deine eigene Herrlichkeit und Göttlichkeit vergisst, um sie neu entdecken zu können. Um in einem Maße verehrt und ermächtigt zu werden, das noch über deine Anfänge hinausgeht. Wenn du dich das nächste Mal ein wenig abgeschnitten, heimwehkrank oder depressiv fühlst, dann bedenke diese Zusammenhänge und verurteile dich nicht. Das wäre unfair.

Außerdem bedeutet die Tatsache, dass du ab und zu oder sogar häufiger diese inneren Konflikte hast, keineswegs, dass du nicht das Leben deiner Träume führen kannst.

Gruß vom Universum

Als ob die Fortgeschrittensten unter euch nicht auch ihre
eigenen bohrenden Zweifel, Ängste und Sorgen hätten.
Als ob sie sich nicht gelegentlich unzulänglich, verloren
und abhängig fühlten. Oder niedergeschlagen,
entmutigt und ganz und gar allein in der Welt.
Und trotzdem ... du kennst ihre Namen.
Du bist nicht geringer,
das Universum

Jeder, der *irgendwann* einmal in Zeit und Raum gelebt und auch nur *irgendetwas* erreicht hat, hat die gleichen Höhen, Tiefen und Emotionen durchlebt wie du und ich. Das ist kein Grund zur Beunruhigung. Kehre einfach zur Wahrheit zurück – zu deinem Wissen, dass du ein göttlicher Schöpfer bist und dass deine Gedanken Dinge werden –, und dann tue dein Bestes, um in Bewegung zu bleiben. Es ist wie beim Fahrradfahren: Im Sattel bleibt man nur, wenn man stetig in die Pedale tritt. Selbstverständlich muss es Zeiten geben, in denen wir ausruhen – aber nicht zu lange.

Das heißt *Unglück verstehen*. Doch du wirst Höhen und Tiefen erleben ebenso wie Ebbe und Flut. Daher lass mich dir ein paar Tipps geben, wie man zukünftiges »Unglück« in zukünftige Abenteuer verwandeln kann.

Unglück in Abenteuer verwandeln

Verantwortung für alles übernehmen

Ohne umfassende Verantwortung zu übernehmen, kann es keine umfassende Macht geben. Anders ausgedrückt, wenn du nicht die uneingeschränkte Verantwortung für absolut alles in deinem Leben übernimmst, wirst du auch nicht die uneingeschränkte Macht erreichen, die es dir ermöglicht, die Dinge zu verändern, die dir nicht gefallen. Wenn du auch nur ein einziges Prozent deiner Handlungsgewalt abgibst, ob an einen Gott, den du nicht verstehst, an das Karma, an deinen Ehepartner, deine Eltern oder Kinder oder auch nur an die sogenannten »Mysterien des Lebens«, dieses eine Prozent könnte all deine Hoffnungen und Träume untergraben und dir letztendlich hundert Prozent deiner

226

Handlungsgewalt stehlen. Befrei dich von dieser Illusion, indem du die volle Verantwortung übernimmst.

Der Trick

Dies hier wird dir die Sache erheblich leichter machen: Du musst dir das, wofür du Verantwortung übernimmst, *nicht* erklären können. Ich rate sogar dazu, nicht einmal den Versuch zu unternehmen, die Dinge zu erklären, die dir jetzt Schmerzen bereiten oder dich verwirren. Lass sie los und blicke nach vorn. Du musst nicht erklären können, warum die Beziehung gescheitert ist, warum du mit deinem Unternehmen nicht in die Gewinnzone gelangt bist und warum dir als Kind Gewalt angetan wurde, um die Verantwortung für solche verwirrenden biographischen Details zu übernehmen. Wisse tief im Inneren, dass hinter all dem Sinn, Zweck, Heilung und Liebe stehen, und beschäftige dich erst dann näher damit, wenn deine Gefühle nicht mehr so schmerzhaft sind. Akzeptiere es, dass du eine Rolle beim Zustandekommen dieser Ereignisse gespielt hast, wie geheimnisvoll sie auch sein mag. In dem Augenblick, in dem du die Verantwortung übernimmst, wird dir deine Krone zurückgegeben. Dann kannst du nach deinem eigenen freien Willen vorangehen, Neues erschaffen und Neues wählen.

Meine größte »Entgleisung«

Wenn ich auf mein vermeintlich größtes berufliches Scheitern vor zehn Jahren zurückblicke, dann weiß ich noch, dass ich es mir absolut nicht erklären konnte. Ich fühlte mich, als sei mein Lebenszug entgleist. Schon damals war mir klar, dass ich eine endlose Liste von Mängeln finden würde, wenn ich den Fehler bei mir suchte. Ich hätte mich nur beschimpft und verurteilt und damit meine zukünftigen beruflichen Aussichten geschmälert. Stattdessen verschwendete ich *keinen* Gedanken an die Ursachen für mein Scheitern und ersparte mir dadurch vieles. Auch damals hatte ich schon eine Vorstellung davon, wie das Leben funktioniert. Also wählte ich meine neuen Endergebnisse (Reichtum und Fülle, Freunde und Lachen, Reisen in fremde Länder und kreative, erfüllende Arbeit) und fing an, tätig zu werden.

Als ich mich ungefähr zwei, drei Jahre lang auf meiner neuen Reise befand und mein Leben wieder zu schnurren begonnen hatte, fragte ich mich aus reiner Neugier: »Was war damals eigentlich geschehen, als ich *meinte,* mein Leben sei aus dem Gleis gesprungen?« Doch zu meiner Überraschung fand ich nichts, was an eine »Entgleisung« erinnerte. Rückblickend wurde mir klar, dass es ein solches Unglück nie gegeben hatte.

In der Zeit vor meinem vermeintlichen Scheitern hatte ich über das Leben, Träume und Glück geschrieben und meine Erkenntnisse auf T-Shirts abgedruckt, die zusätzlich noch mit Fischen, Delphinen und Walschwänzen verziert waren und auf Souvenirmärkten verkauft wurden. Damals wünschte ich mir über alles, mit meinen »Gedanken« mehr Menschen zu erreichen, als es mir als T-Shirt-Texter möglich war. Nun, nach meiner »Entgleisung«, habe ich *weiter* über das Leben, Träume und Glück geschrieben, doch ich erreiche jetzt viel, viel mehr Menschen.

Meine Arbeit und meine Unterweisungen zu diesen Themen erstrecken sich jetzt weit über das Schreiben hinaus und umfassen viel mehr, als ich mir jemals hätte vorstellen können. Das zeigt, dass mein Lebenszug damals nicht entgleist war, sondern aufgrund meines *umfassenderen* Traumes lediglich die Spur wechseln musste. Die Katastrophe war also der erste Schritt zur Verwirklichung meines (bisher) allergrößten Traums. Doch vor zehn Jahren verursachte der Spurwechsel immensen »Lärm«. Deshalb hätte man leicht zu dem Schluss kommen können, ich sei in größten Schwierigkeiten, insbesondere weil ich nicht sehen und verstehen konnte, was damals wirklich geschah. Zum Glück wusste ich genug, um meine Verantwortlichkeit zu erkennen und damit die Macht und Kontrolle über mein Leben zu behalten. Ich kam nicht in Versuchung, die Zusammenhänge verstehen zu wollen. Stattdessen konnte ich mich auf meine neuen Endergebnisse konzentrieren und an viele neue Türen klopfen.

Ich hätte auch denken können: »Ich muss der Sache auf den Grund gehen. Schließlich muss ich wissen, wie ich mich selbst sabotiere.« In dem Fall wäre es äußerst unwahrscheinlich, dass du und ich uns je als Leser und Schriftsteller begegnet wären. Wenn ich danach gesucht hätte, was mit mir »nicht stimmt«, dann wäre ich auf mich einschränkende Gedanken gestoßen, die ich auf diesem Weg mit in meine Zukunft geschleppt hätte. Überdies war ja gar nichts »Böses« oder Unerwünschtes geschehen! Ich hatte auf meinem beruflichen Weg nicht an Schwung verloren. Ich tue auch heute noch genau die Dinge, die ich vor bald zwanzig Jahren getan habe, ich tue sie lediglich mehr nach meinen eigenen Vorstellungen.

Man muss *nicht* erklären können, warum man sich an dem Punkt befindet, an dem man in seinem Leben angekommen ist. Doch indem man die Verantwortung für diese »Zwischenstation« übernimmt – *die uneingeschränkte Verantwortung!* –, verfügt man über alle Macht und alle Handlungsgewalt, um seinen Weg fortzusetzen.

Zurück in den Sattel und weiter!

Wenn einen das Leben aus dem Sattel geworfen hat, dann ist es am besten, gleich wieder aufzusteigen. Auf diese Weise lässt sich Unglück am ehesten in Abenteuer verwandeln. Nichts eignet sich besser dazu, die Aufmerksamkeit von einer bedrückenden Vergangenheit oder Gegenwart abzuziehen, als der Blick nach vorn. Der Rest deines Lebens liegt vor dir; versinke nicht im Selbstmitleid. Vielleicht bist du im Recht, wenn du dir selbst leidtust. Vielleicht brauchst du wirklich eine kleine Pause. Und vielleicht bist du wirklich durch die »Hölle« gegangen. Doch Selbstmitleid verbraucht sich nach kurzer Zeit und bringt dich nicht weiter.

Ein Kind und einen Partner verlieren

Eine meiner besten Freundinnen auf der Welt ist eine Referentin, die in England vor Firmen und in der Öffentlichkeit über meine Programme Vorträge hält und aus eigener Anschauung weiß, wovon sie spricht. Vor zwanzig Jahren erhielt sie einen Anruf von der Polizei, die ihr mitteilte, dass ihr vier Monate altes einziges Kind bei seinem Babysitter gestorben war: plötzlicher Kindstod. Am Boden zerstört, verkroch sie sich wochenlang im Bett und überließ sich ihrer Trauer. Die Folge war, dass ihr Mann mit der Situation nicht mehr zurechtkam und sie verließ.

Den Lebensunterhalt und alles verlieren

Bald darauf, inzwischen lebte sie allein und war halbwegs wieder auf den Beinen, klopfte der Staatsanwalt an ihre Tür und teilte ihr mit, dass die Firma, die sie zusammen mit ihrem Mann aufgebaut hatte und die damals mehr als zwei Millionen Dollar im Jahr umsetzte, bankrott war. Ihr Mann hatte insgeheim Geld aus der Firma gezogen, um damit heimlich einen illegalen Massagesalon zu finanzieren, der dann scheiterte (der wahre Grund für seinen Auszug).

Im Jahr darauf starb ihr Vater an einem Gehirntumor, und ihre Mutter erlag zwei Tage nach der Operation einer zu spät diagnostizierten Herzkrankheit. Innerhalb kurzer Zeit verlor meine Freundin praktisch alles und war auf die Hilfe fremder Menschen angewiesen.

Doch eines Morgens trat plötzlich eine grundlegende Veränderung ein. Sie lag im Bett und weinte und quälte sich noch immer mit dem Tod ihres Sohnes, als sie plötzlich eine Erkenntnis traf: Eines Tages würden sie und ihr »verlorener« Sohn einander wiederbegegnen, und sie würden miteinander sprechen. Er würde sagen: »Mama, es tut mir so leid, dass du alles verloren hast! Aber ich bin so stolz auf dich! Du hast die Wende geschafft. Du bist wieder in den Sattel gestiegen und weitergeritten. Du hast deine Fackel so hoch gehalten, dass andere, die in ihrem Leben auch große Verluste hinnehmen mussten, wieder Hoffnung schöpfen konnten.« Oder: »Ach Mama, es tut mir so furchtbar leid … Du solltest doch nicht sterben, bloß weil ich sterbe.« In diesem Augenblick wurde ihr schlagartig klar, dass es im Rest ihres Lebens um den Rest ihres Lebens gehen würde.

Mit ihrer Trauer hatte sie sich das Recht verdient, im Bett zu bleiben und zu weinen. Sie hatte mehr verloren, als die meisten von uns es sich auch nur vorstellen können. Und trotzdem hatte sie sich für ihr Leben entschieden, das sie zum Glück immer noch hatte.

Im Großen und Ganzen des Lebens geschieht nichts Böses. Viele Jahre später wurden sie und ich Freunde. Sie nahm an einem Vortrag teil, den ich in Manchester/England hielt und in dem es genau um den Inhalt dieses Buches ging. Als ich zu dem Abschnitt über Unglück kam, erzählte ich dem fassungslosen Publikum ihre Geschichte. Dann fragte ich meine Freundin, ob sie zustimmen würde, dass »nichts Böses geschehen« war. Sie entgegnete, sie habe diese Jahre zwar als blankes Entsetzen und reines Chaos empfunden, doch sie waren auch erfüllt von der größten Segnung, die sie *jemals* erhalten hatte. Denn nun begreife sie, dass sie ihren Sohn nicht verloren habe, sondern für immer mit ihm zusammen sein würde. Auch ihre Eltern habe sie nicht wirklich verloren, denn ihre Gegenwart sei nie mehr als einen

Gedanken entfernt. Tatsächlich verloren habe sie allerdings einen Ehemann, den mancher als Mistkerl bezeichnen würde (ich natürlich nicht).

Des Weiteren habe sie, als sie *allein* für sich einstehen musste, eine Macht in sich entdeckt, von deren Existenz sie bis zu diesem Moment in ihrem Leben nichts gewusst habe. Und diese Macht leuchtet nun jeden einzelnen Tag in ihrem Leben auf, im Privaten wie im Beruflichen, in ihr als Mutter, die sie später noch wurde, und als professionelle Referentin und Unternehmensberaterin.

Zurück in den Sattel und weiter! Ganz egal, woher du kommst oder wohin du eines Tages gehst, diese Welt wird immer von einzigartiger Schönheit sein, bis an den Rand gefüllt mit unbegrenzten Möglichkeiten. Nutze sie, um das Leben zu verwirklichen, das du wirklich führen möchtest.

Hilf anderen

Wenig anderes verschafft uns einen tieferen Einblick in unsere eigene Situation, als den Menschen zu helfen, die das Gleiche wollen oder brauchen wie wir. Wenn du dir selbst mehr Selbstvertrauen wünschst, dann suche dir jemanden, der diesen Wunsch mit dir teilt, und hilf ihm, sein Ziel zu erreichen. Strebst du größere Fülle an, dann hilf jemandem, in seinem Leben Fülle zu manifestieren. Geht es dir um kreative Arbeit, dann hilf jemandem, der sich das Gleiche wünscht, mit ein paar Ideen auf die Sprünge. Halte seine oder ihre Hand, und du wirst dich selbst und deine Situation in vollkommen neuem Licht sehen.

Als ich vor acht Jahren in Hawaii war, machte ich eine interessante Bekanntschaft. Nach einem Vortrag lud mich ein Zuhörer ein, vor drei oder vier verschiedenen Gruppen in Oahu zu sprechen. Im Laufe der Woche freundeten wir uns an und spielten sehr viel Golf miteinander. Bis zum heutigen Tag empfinde ich ihn als den vielseitigsten und ausgeglichensten Menschen, dem ich jemals begegnet bin. Er ist der Leiter von »United Self-Help of Hawaii«. Diese Organisation vermittelt Pflege- und Genesungsprogramme auf Selbsthilfebasis für eigentlich jede Form geistiger Krankheit, darunter Schizophrenie, Folgeerscheinungen von Psychiatrieaufenthalten, schwere Depression, Angstzustände und andere weiter verbreitete Leiden. Er war der Organisation 1987 beigetreten und dann rasch in ihrer Hierarchie aufgestiegen. Sein Ziel ist es, Menschen wieder auf die Beine zu helfen. Er möchte sie bei der Suche nach ihrer Identität und beim Finden ihrer Selbstbestimmung unterstützen und dafür sorgen, dass sie so weit wie irgend möglich ein lohnenswertes Leben führen können.

Am Ende unserer gemeinsamen Woche fand ich heraus, dass er selbst unter einer klinischen Depression litt und deshalb als geisteskrank eingestuft worden war. Er begann, sich um andere Menschen zu kümmern, die ähnliche Hilfe, Unterstützung und Fürsorge brauchten wie er selbst. Dadurch förderte er seine eigene Auseinandersetzung mit der Krankheit und bereitete den Boden für die Genesung. Indem er anderen half, diente er sich selbst.

Heute sorgt »United Self-Help of Hawaii« dafür, dass Personen mit psychischen Erkrankungen kostenlos Zugang zu Computern haben, Golf spielen oder Schwimmen lernen können und noch vieles mehr. Im Austausch dafür unterstützen sie kontinuierlich andere Leidensgenossen auf dem Weg der Heilung und kümmern sich um sie. Das Gesundheitsprogramm meines Freundes ist so erfolgreich, dass es sich inzwischen auch andere Staaten in der Behandlung psychisch Kranker zum Vorbild nehmen.

Indem du anderen hilfst, hilfst du *immer* unvermeidlich auch dir selbst.

Die Betrachtungsweise, die du wählst, ist dein Ass im Ärmel. Bist du fähig, sie zu verändern, dann hast du Einfluss darauf, wie du die Welt siehst und sie empfindest.

Gruß vom Universum

*Wenn du von einem atemberaubenden Berg wüsstest,
der sehr, sehr hoch, aber doch zu besteigen ist,
und wenn es wohl bekannt wäre, dass man auf diesem
Gipfel die Liebe sehen kann, in der die Welt badet,
dass man dort mit Engeln tanzen und mit Göttern
feiern kann – würdest du beim Aufstieg jeden Schritt
verfluchen oder feiern?*
Genau!
Dieser Berg ist das Leben, und jeder Schritt ist ein Tag.
Die Perspektive ändert alles.
Das Universum
*PS: Fürchte dich nicht. Als ich das letzte Mal
nachgesehen habe, warst du dem Gipfel so nahe, dass sie
schon für deine Toga Maß genommen haben.*

Du schaffst das!

Hier ist eine weitere einfache Aufgabe mit klarer Zielsetzung: Wenn in der Vergangenheit eine gemeisterte Herausforderung dein Leben zum Positiven gewendet hat, kann es dann Unglück wirklich geben? Schreib zurückliegende Herausforderungen auf und erkläre, wie sie dein Leben seither verbessert haben. Wenn dies geschehen ist, dann notiere gegenwärtige Herausforderungen und beschreibe, wie sie dich letztlich voranbringen werden oder es bereits tun.

Es ist gleichgültig, wie groß die Herausforderung, wie groß die Not und wie schwerwiegend die Verletzung ist. Wenn du nur weit genug zurücktrittst, dann erkennst du, dass du dich tatsächlich im Paradies befindest und dich auf den Rest deines Lebens – auf den *besten Teil* deines Lebens – freuen kannst.

Eine Herausforderung in der Vergangenheit:

_____

Wie sie deinem Leben genutzt hat:

_____

_____

_____

Eine gegenwärtige Herausforderung:

_____

Wie sie deinem Leben nutzt oder nutzen wird:

_____

_____

_____

Gruß vom Universum

*Ich sage ihnen immer wieder, dass das da draußen
ein Dschungel ist. Dass Zeit und Raum nichts für
Angsthasen sind. Dass man sich die Zehen stößt. Dass
Herzen und Träume in Millionen Scherben brechen.
Ich erkläre ihnen, dass sie sich nicht einmal mehr daran
erinnern, wer sie sind, weil eben die Illusionen so
faszinierend sind. Und ihre Gefühle können manchmal
so schmerzhaft sein, dass sie sich gelegentlich wünschen,
sie wären tot!
Aber das inspiriert sie erst recht zum Gehen.
Abenteurer eben, ihr Schlimmen ...,
das Universum*

KAPITEL 8
Jetzt bist du dran!

Du hast genug gelitten. Du hast dich genug abgemüht. Du hast lang genug festgesteckt, hast dich genug gesehnt und genug geträumt. Du hast genug bezahlt, und nun ist es an der Zeit. *Jetzt bist du dran! Du bist an der Reihe,* auf der Bühne des Lebens zu spielen. *Du bist an der Reihe,* das Leben zu führen, das du dir schon immer gewünscht hast. *Du bist an der Reihe,* der Mensch zu sein, der du schon immer sein wolltest.

107 000 000 000

Einhundertsieben Milliarden – weißt du, wofür diese Zahl steht? Anthropologen behaupten, dass dies die Zahl der Menschen ist, die *jemals* auf unserem Planeten gelebt haben. Die Gesamtzahl der Herzen, die *jemals* geschlagen haben, die Gesamtzahl der Lebensreisen, die *jemals* unternommen wurden, und die Gesamtzahl der Leben, die *jemals* in Zeit und Raum geführt wurden. Einhundertsieben Milliarden Menschen und nicht zwei gleiche darunter. Doch ich bin sicher, mit ein bisschen Nachdenken findest du heraus, was hundert Milliarden von ihnen gemeinsam haben. Genau, sie sind tot. Für sie ist ein Abenteuer abgeschlossen, und ein neues hat begonnen.

Doch für die sieben Milliarden von uns, die hier sind, *ist jetzt ihre Zeit gekommen.* Unsere Zeit, zu lachen und zu weinen, unsere Zeit, zu lieben und geliebt zu werden, unsere Zeit, zu träumen und unsere Träume zu verwirklichen – noch für eine Weile. Natürlich sind wir immer Menschen, doch die Gelegenheiten, die sich *dir* jetzt eröffnen, auf dieser Bühne, die du so minutiös vorbereitet hast, die werden *nie* wiederkommen.

Diese Gelegenheit ist auf außergewöhnliche Weise einzigartig, kostbar und selten – sie ist *deine* Gelegenheit. Wir sprechen hier über *dein* Leben. Du kannst mit ihm alles machen, was du willst. *Du hast diese Macht.* Und was ist die phänomenal gute Nachricht, wenn es um die Manifestation von Veränderung geht? *Nichts könnte leichter sein!*

Quantenphysik? Brauchst du nicht!

Ich weiß, im Rahmen der Metaphysik wird heutzutage viel Aufhebens um die Quantenphysik gemacht. Vielleicht hast du ja auch den Film *What the Bleep do we (k)now? – Ich weiß, dass ich nichts weiß* gesehen. Dieser herausragende Film hat »unbeabsichtigt« vielen »ganz normalen« Menschen zu der Erkenntnis verholfen, dass das Leben mehr ist als alles, was sie bisher angenommen hatten. Er lässt die Zuschauer verstehen, dass die Bühne unseres Lebens illusionär ist, dass wir sie beeinflussen und sogar selbst einrichten, und spielt damit auf unsere Fähigkeit an, willentlich unsere Lebensumstände zu verändern. Aber ich möchte dich beruhigen. Um wirkungsvolle Veränderungen in deinem Leben herbeizuführen, musst du nicht in Quantenphysik beschlagen sein. Du musst nichts über das hinaus lernen, was du jetzt schon in deinem Herzen bewegst.

Veränderungen im Leben zu bewirken, bedarf keiner wissenschaftlichen Kenntnisse. Es ist so einfach! *Gedanken werden Dinge!* Verändere deine Gedanken, verändere dein Leben! Ja, die Quantenphysik kann dir nicht mehr mitteilen, als dass sie letztlich nur ein Ziel verfolgt: zu Albert Einsteins alles vereinigender Formel $E = mc^2$ zu gelangen. Die Quantenphysiker glauben, dass es eine Gleichung gibt, die alles Physische *und* Metaphysische miteinander vereint.

Nun, ohne Zweifel werden sie diese Formel eines Tages entdecken. Hast du denn eine Vorstellung, was deine Gedanken bis zu diesem Zeitpunkt tun werden? *Sie werden sich in die Dinge deines Lebens verwandeln – unermüdlich.* Ja, nach meinem Dafürhalten lautet die Formel, nach der sie suchen, *Gedanken werden Dinge:* GWD! Und genau diese Gedanken gingen in mir um, als ich den folgenden Gruß aufschrieb:

Gruß vom Universum

Keine Frage, Quantenphysik ist einfach irre.
Achte nur darauf, dass ihre Suche nach der alles
vereinenden Formel dich nicht davon abhält,
die Formel auch anzuwenden.
Damit will ich sagen, man muss nichts von
Trigonometrie verstehen, um mit Stäbchen zu essen,
stimmt's? Die Erdanziehungskraft war da, bevor
Newton sie entdeckte, stimmt's? Und während die
Forscher noch weiter forschen, werden deine Gedanken
sich unablässig in Dinge verwandeln, als drehe sich die
ganze Welt in deiner Hand.
Sind wir nicht staunenswert?
Das Universum
PS: Gedanken werden Dinge *lautet übrigens die*
Formel, nach der sie suchen. Aber wir wollen ihnen den
Spaß nicht verderben – Wissenschaftler können so
verbiestert sein.

Die Manifestation von Veränderung beruht darauf, dass du dir ein neues Endergebnis überlegst, dich damit in Gedanken befasst, Vorstellungen entwickelst, es vielleicht visualisierst und unablässig kleine Babyschrittchen in die Richtung auf dein Endergebnis zu machst.

Das Glück ist mit den Tapferen

Hast du schon einmal das Sprichwort »Das Glück ist mit den Tapferen« gehört? Kommt dir das nicht bekannt vor? Das Glück hilft dem Tapferen, dem, der ohnehin schon mutig und kühn ist! Bei mir trifft dieser Spruch auf jeden Fall einen Nerv. Ich erinnere mich sogar daran, wann ich ihn zum ersten Mal gehört habe. Er weckt in mir eine Vorstellung von olympischem Gold, Wirtschaftsmagnaten mit riesigen Vermögen und von einem *fünften* Stern, der für Tapferkeit und Eroberung auf der Uniform eines Generals befestigt wird. *Das Glück ist mit dem Tapferen.* Ich gehe davon aus, dass sich fast jeder von dieser Aussage angesprochen fühlt. Doch wenn ich länger über den Spruch nachdenke, dann deute ich ihn und seine Macht heute völlig anders als früher.

Anfangen

Wenn man nachdenkt, stellt man fest, dass man Tapferkeit *nicht* braucht, um einen Marathon zu gewinnen, sondern für *die Entscheidung, ihn mitzulaufen.* Tapferkeit steht nicht am Ende einer Reise, *sondern an ihrem Anfang.*
Zum Beispiel Oprah Winfrey. Worin erwies sich deutlicher ihre Tapferkeit: als sie eine Talkshow aus der Taufe hob, die

zu einer der erfolgreichsten auf diesem Planeten wurde, oder als sie sich als junge, ungebildete, übergewichtige Afroamerikanerin bei einem Fernsehsender bewarb und dabei gegen ältere, erfahrenere, gebildetere, schlanke weiße Männer antrat? Letzteres natürlich! Das war tapfer, kühn, mutig! Dieser Schritt erforderte ein Maß an Unverfrorenheit, wie es die meisten Menschen nicht aufbringen. Und *deshalb* sprechen wir von Tapferkeit.

Es sind die Babyschrittchen, verbunden mit hohen Erwartungen, die Tapferkeit verlangen. Die meisten Menschen lassen sich vom Glitzern, von den Medaillen und den Claqueuren ihrer Helden beeindrucken und vergessen, dass diese ihre Reise in der Regel mit viel weniger angetreten haben, als du und ich derzeit besitzen.

Wie ist es beispielsweise bei Walt Disney? Worin erwies sich deutlicher seine Tapferkeit: als er als Multimillionär in den Fünfzigern eine Fläche von über hundert Quadratkilometern in Florida kaufte oder als er bei seiner Rückkehr aus dem Ersten Weltkrieg Familie und Freunde davon in Kenntnis setzte, dass er nun seinen Tarnanzug an den Nagel hängen würde, um Trickfilmzeichner zu werden, und das zu einer Zeit, als es praktisch noch keine Trickfilmzeichner gab? Was glaubte er eigentlich, würde er damals mit Trickfilmen erreichen können? Und doch wissen wir, dass es genau dieser Traum war, der seine brillante, berühmte Karriere in Gang setzte. *Das* war tapfer, kühn, mutig!

Oder Muhammad Ali. Worin erwies sich deutlicher seine Tapferkeit: als er einen Weltmeisterschaftstitel nach dem anderen holte oder als er zum ersten Mal in den Boxring stieg, ohne zu wissen, ob er ihn lebend verlassen würde? Immer sind es die kleinen Babyschrittchen, in denen sich echte Tapferkeit zeigt. Genau diese Babyschrittchen rufen Glücksfälle herbei, *gerade weil* sie zu dem Zeitpunkt, an dem sie getätigt werden, sinnlos erscheinen.

Wann haben deine früheren Erfolge eigentlich ihren Anfang genommen?

Die meisten von uns wären nicht dazu in der Lage, morgen den Mount Everest zu besteigen, doch fast jeder von uns könnte *sich darauf vorbereiten,* dies zu tun. Es geht um diesen ersten Schritt, den du heute machst und dabei auf dein Endergebnis zugehst. Er stellt deine Tapferkeit unter Beweis. Beispiele dafür kannst du in deinem eigenen Leben finden.

Ich sehe mein Leben an und frage mich, worin erwies sich deutlicher meine Tapferkeit: als ich meine Welttourneen 1, 2 und 3 ankündigte, die mich auf sechs Kontinente und in fünfundzwanzig Länder führten, oder als ich vor zehn Jahren mit unsicherer Stimme und schlotternden Knien meine erste fünfminütige Rede vor vierzehn fremden Menschen im Toastmasters Club hielt und dabei zitterte wie Espenlaub? Wann habe *ich* angefangen zu glauben, dass ich mit dieser ersten Rede meinem Leben eine neue Richtung geben würde? Trotz meiner Ängste, öffentlich zu sprechen, war ich tapfer, kühn, mutig.

Im Vergleich zu diesem ersten Schritt sind meine Welttourneen ein müheloses Kinderspiel! Je weiter man vorankommt, desto einfacher wird es, gerade weil man für die ersten kleinen Babyschrittchen seine ganze Tapferkeit braucht und jedes Quentchen Mut und Entschlossenheit. Halte an deinen Träumen fest. Gib dem Universum jede Gelegenheit, dich zu erreichen. Zwar ist rückblickend betrachtet die Manifestierung von Veränderung leicht, doch der Anfang eines neuen Abenteuers bringt unweigerlich Unannehmlichkeiten, Anstrengung und Ängste mit sich. Doch das ist kein Grund, um davonzulaufen.

Verstehen, ob intuitiv oder verstandesmäßig, ist die Voraussetzung für Tapferkeit. Verstehen zu vermitteln, ist mein wichtigstes Ziel in diesem Buch über die Manifestation von Veränderung. Als Erstes sollst du deine Herrlichkeit verstehen: Du bist ein unsterblicher Gladiator des Glücks, ein spiritueller Abenteurer, ein Wesen des Lichts. Dann sollst du verstehen, dass Veränderungen erst dann eintreten, wenn du ein neues Endergebnis vor Augen hast, einen neuen Gedanken, in dessen Richtung du dich zu bewegen beginnst. Das Glück wird dir auch dann hold sein, wenn deine ersten Schritte nur klein und alles andere als glamourös oder sexy sind. Ja, das werden sie tatsächlich nur in den seltensten Fällen sein, und du wirst dich ihrer kaum rühmen können.

Gruß vom Universum

Alle berühmten Schriftsteller, Weltklasseathleten,
Industriemagnaten, Sänger, Schauspieler und anderen
gefeierten Erfolgsmenschen haben eines gemeinsam:
Am Anfang ihrer Reise waren sie nichts von alledem.
Trotzdem haben sie ihren ersten Schritt gemacht.
Der Erfolg ist dir in die Wiege gelegt,
das Universum
PS: Irgendwann werden sie irgendetwas Großes nach
dir benennen! Eine Statue vielleicht, eine
Hochschule ... oder einen Wirbelsturm.

Gute Reise, Abenteurerkollege

Du bist ein *müheloser Schöpfer.* Erfreue dich an dieser Tatsache, an ihrer Herrlichkeit und an ihrer Wahrheit, denn unter dem Strich kommt nichts dem gleich, dass du überhaupt hier bist – was auch immer du mit dem Rest deines

Lebens noch anfängst. Du sitzt bereits im Kreis der Sieger. Du bist bereits ein Wegbereiter der Wirklichkeitsschöpfung, so wie du hier sitzt und dieses Buch liest. Dafür *musst* du nichts weiter tun. Dieses Buch und meine Vorträge wollen nicht andeuten, dass du irgendwie kaputt oder unvollständig bist und deshalb etwas verändern musst. Alles ist in bester Ordnung, *insbesondere du*. Es ist bereits alles gut.

Doch solltest du irgendwann einmal in deinem Leben Veränderungen manifestieren wollen, dann hoffe ich, dass ich dir ein paar gute Hinweise darauf geben konnte, wie du das anstellst. Ich gehe davon aus, dass du hinfort und für alle Zeiten fähig sein wirst, über den Rand deiner Sonnenbrille zu blicken und zu sehen, wie das Leben *wirklich* ist. Wenn es darum geht, Veränderungen zu manifestieren, weißt du jetzt: Nichts könnte leichter sein, als *das zu bekommen, woran du denkst*.

Es ist für dich unmöglich, jemals mehr Macht zu erwerben, als dir bereits zur Verfügung steht. Du könntest nicht schöner sein, als du es bereits bist. Nutze dieses Wissen als deinen Ausgangspunkt, und alles andere wird dir erreichbar erscheinen.

Du musst dich nicht extra strecken oder irgendwelche Opfer bringen. Handle in dem Bereich, in dem du dich wohl fühlst. Arbeite mit dem, was sich für dich richtig anfühlt. Bald wirst du deine eigene aufregende Untermenge unbegrenzter Wahrscheinlichkeiten entdecken, und wenn du dich an sie hältst, dann werden die Schleusentore erzittern. Garantiert, denn so ist das Gesetz.

In noch weniger Worten

Wenn du eine Veränderung manifestieren willst, dann musst du nichts anderes tun, als dein Endergebnis zu definieren. Das Universum wird von dieser Zielvorstellung zurückrechnen. Denn sobald du dein Endergebnis kennst, weiß das Universum, welche Abfolge von Ereignissen nötig ist, um dich dorthin zu bringen, wovon du träumst. Doch denk daran, die Abfolge von Ereignissen wird *erst* ausgelöst, wenn du einen Gang einlegst und losfährst. Es liegt also an dir. Mach deine kleinen Babyschrittchen, klopfe an ein paar Türen und drehe ein paar Steine um.

Schließlich rate ich dir dringend: Beurteile die Reise nicht ausschließlich mit deinen physischen Sinnen, denn dann wird sie dir im besten Fall sonderbar vorkommen, oder aber du wirst glauben, dass gar nichts geschieht, und vielleicht aufgeben. Gib nicht auf. *Gib niemals auf.* Dieses System ist bombensicher. Es versagt nie. Das Universum ist nichts anderes als eine Erweiterung deiner selbst. Es ist dein höheres Selbst. Und es konspiriert zu deinen Gunsten, auch jetzt, um dir das zu verschaffen, was du willst.

Denk an die Matrix. Sieh sie dir an, denk von Zeit zu Zeit über sie nach, und erinnere dich daran, was dir von allem am wichtigsten ist: Glück. Es geht nicht darum, *wie* du dahin gelangst, wo du hinwillst, sondern darum, *dass* du dort hingelangst. An deinem Ziel gibt es Sonnenschein, Schmetterlinge und Regenbogen, Freude, Fülle und Gesundheit, Freunde und kreative, erfüllende Arbeit, und dort strahlst du vor Stolz über dein fabelhaftes Aussehen. Es zu erreichen ist leicht, du schaffst das. Fast bist du schon da, es liegt praktisch direkt vor deiner Nase. Ein Tag nach dem anderen, ein Schritt nach dem anderen. Du hast alles, was erforderlich ist, und erfüllst alle Vorbedingungen.

Du verdienst es, und du wirst geliebt. Und außerdem ist auch noch das Universum auf deiner Seite. *Was könnte besser sein, als das allwissende, allliebende, mitfühlende Universum in der eigenen Mannschaft zu wissen?* Tatsächlich, es gibt etwas, das noch besser ist ...

Gruß vom Universum

*Lass dir sagen, wenn man das Universum ist, dann
gehört es mit zum Besten, dass man einfach alles weiß.
Und natürlich, dass man Träume verwirklicht.
Außerdem gefällt es mir, dass ich unsterblich bin,
dass mir keinerlei Beschränkungen auferlegt sind und
dass ich Worte einfach mit Gedanken schöpfen kann.
Und das Wissen, dass sich die Wirklichkeit genau so
entwickelt, wie sie es soll. Alles haben, alles sein, alles
tun. Außerdem mag ich es, ununterbrochen verliebt und
geliebt zu sein.
Und du?
Was gefällt dir daran am besten, das Universum zu
sein?
Du bist
das Universum*

Begreifst du es langsam? Du *bist* das Universum. Du bist die
Sonne, der Mond und die Sterne. Du bist die Kraft, die dein
Herz schlagen lässt, und die Träume, denen du Tag und
Nacht nachhängst. Und es steht dir frei, das Leben deiner
Träume auf dieser Manifestationsebene zu leben, indem du
im Einklang mit deiner Vision vorangehst.
Jeder Tag bietet dir neue Gelegenheiten zu lächeln, dich zu
verlieben und erfüllt zu fühlen. Jeder einzelne Weg vor dir
wird dich zum Leben deiner wildesten Träume führen. Du
kannst keine falsche Wahl treffen, *es sei denn, du wählst gar
nicht*. Nichts, was du je getan hast, und nichts, was du je tun
wirst, kann der Ewigkeit auch nur einen Moment nehmen.
Du kannst nicht versagen.

Geführte Visualisierung für die kommende Zeit

Bevor wir zum Quiz kommen (ich verspreche, es ist nur ein kleines), möchte ich dich durch eine Visualisierung führen, damit du in den nächsten Tagen auch noch etwas anderes zum Nachdenken hast und im tiefsten Inneren spürst, auf was du dich alles freuen kannst.

Stell dir vor, du bist an einem Strand. Du sitzt auf der Veranda eines wunderschönen Strandhauses und kannst die Brandung hören ... Du riechst das Salz in der Luft ... und du hörst gelegentlich eine Möwe schreien ...

Die Sonne geht gerade unter, und du lächelst zufrieden. Also los, nun lächle schon. Du strahlst vor Freude, weil das Haus hinter dir voll mit den Menschen ist, die du am meisten liebst. Du bist so glücklich, dass eine Träne deine Wange hinunterläuft, als dir bewusst wird, warum diese guten Freunde sich versammelt haben. Ein jeder von ihnen ist da, weil er oder sie dich liebt ... so, wie du ihn oder sie liebst. Und sie sind gekommen, um mit dir all die großartigen Veränderungen zu feiern, die dein Leben umgekrempelt haben. Veränderungen, die dich und sie durch ihre rasche und harmonische Abfolge schockiert und überrascht haben.

Von tiefster Dankbarkeit erfüllt, gibst du dir dort auf der Veranda selbst das Versprechen, niemals wieder zu vergessen, wie schnell sich die Dinge zum Besseren wenden können! Im Augenblick fließt in deinem Leben jeder Becher über: Es gibt Fülle, du liebst dein Leben, du tust deine Arbeit gern, du bist voller Kreativität. Nie zuvor hattest du in deinem Leben so viele Freunde, und noch nie hast du so viel gelacht. Es ist mehr oder weniger alles eingetroffen, was du dir jemals gewünscht hast ... Mit einer einzigen kleinen Ausnahme – einen Becher gibt es, der noch nicht überfließt.

Das eine, das in deinem Leben noch nicht verwirklicht ist, trat als eine vollkommen neue Leidenschaft in Erscheinung. Du wünschst dir jetzt mit jeder Faser deines Körpers, die Freude, die du empfindest – die Erfüllung und Liebe –, mit den Menschen zu teilen, die du so sehr liebst. Und damit noch nicht genug: Du wünschst dir, dass alle Menschen auf der ganzen Welt an diesem Gefühl teilhaben. Jeder auf dem Planeten Erde soll sich so gut und so geliebt fühlen, wie du dich gerade fühlst, und genauso lebendig. Außerdem soll er so viele Träume verwirklichen wie du gerade jetzt. Aber es geht nicht, du fühlst dich eingeschränkt. Einen Augenblick lang bist du enttäuscht, so sehr, dass dir dein Lächeln abhandenkommt … bis du auf einmal, als träfe dich ein Blitz, eine spontane Erkenntnis hast. Du erinnerst dich, wie du noch vor kurzem wie ein Korken im Meer jedes Auf und Nieder des Lebens mitgemacht hast. Welche Frustrationen du einstecken musstest auf dem Weg zu deinem gegenwärtigen Glück. Doch jetzt ist dir vollkommen klar, dass dein Platz auf der Veranda im Hier und Jetzt ist und dass diese Freude, die du jetzt spürst, schon immer unvermeidlich war.

Und mit einem Mal durchzuckt dich eine weitere Erkenntnis! Plötzlich wird dir klar, dass du all das durchmachen musstest, was du in deinem Leben durchgemacht hast, um an diesen Ort des tiefen Verstehens zu gelangen. Es war nicht nur für dich unvermeidlich, an diesen Punkt zu gelangen, dasselbe gilt für alle deine Lieben und überhaupt für alle Menschen auf der Erde. Dieses Wissen mit seinen unterschwelligen Auswirkungen überwältigt dich, und eine weitere Träne rollt deine Wange hinunter. Dich ergreift eine bislang unbekannte Freude. Du empfindest tiefe Akzeptanz und Liebe für alles, das ist – genau so, wie es jetzt ist.

Selige Zufriedenheit und das Gefühl, dass dein Leben unmöglich noch besser werden kann, als es jetzt ist … im gleichen Augenblick überwältigt dich eine weitere Erkenntnis, die dich fast vom Stuhl wirft …

So gut, wie dein Leben jetzt ist, und so glücklich, wie du jetzt bist, weißt du trotzdem plötzlich, dass die Dinge für immer und immer und immer noch besser werden …
Ja, ja, ja, du bist angekommen! Das Versprechen wurde eingelöst und dein Geburtsrecht akzeptiert. Dein ganz persönliches Königreich kann kommen!

Du schaffst das: Quiz

Ich gehe davon aus, dass du aufgepasst und bisher jedes Wort genau gelesen hast. Also bist du für diese Frage mehr als bereit:

Ist das Leben fair?

Die Antwort, die du wahrscheinlich schon ausposaunt hast, lautet natürlich: *Verdammt, NEIN!*
Das Leben ist kein bisschen fair! Die Karten sind so ganz und gar zu deinen Gunsten gemischt. Du musst nur einen neuen Gedanken fassen, und schon setzen sich Berge in Bewegung, wird Hilfe ausgesandt und werden neue Welten geboren. Fast ist es so, als würdest du schummeln! So *sehr* bist du bereit für Größe.

Gruß vom Universum

Weißt du noch, wie es war, Radfahren zu lernen? Wie unmöglich es dir erst vorkam? Und wie unmöglich es dir jetzt scheint, dir auch nur vorzustellen, es könnte schwer sein. Nun ja, mit dem Wachsen in der Illusion von Zeit und Raum verhält es sich nicht anders.

249

Erst hast du vom Straßenrand aus zugesehen, dann hast
du von einem eigenen Rad geträumt, und im nächsten
Augenblick hattest du schon deine Stützräder
abmontiert. Und wir haben dich pflichtschuldig,
aber nur zögernd losgelassen und sind atemlos neben dir
hergelaufen, während du dein wütendes »Finger weg!«
geschrien hast.
Also sehe ich zu. Strahlend vor Stolz angesichts deiner
ersten Fahrt allein. Zutiefst beeindruckt von deinem
Mut und deiner Entschlossenheit. Verblüfft über deine
natürliche Gabe und deinen Ehrgeiz zu wachsen.
Zerknirscht über deine Bereitschaft, das Fallen zu
riskieren. Getröstet von der Vorstellung, dass du genau
da bist, wo du sein willst. Und wenn ich mir vorstelle,
wie weit du es noch bringen wirst, muss sogar ich
meinen grenzenlosen Geist aufs äußerste fordern.
Mutig voran, du kühnes Herz.
Das Universum
PS: Zum Abendbrot bist du doch wieder zu Hause,
oder? Alles, was du besonders gern magst, wartet dann
schon auf dich.

Lieber Abenteurerkollege, es war mir eine große Freude und
Ehre, mit dir die Wahrheiten dieses Buches zu teilen. Ich
finde dich großartig. Du bist mir wichtig. Und ich freue
mich schon auf den Moment, wenn sich unsere Wege im
Dschungel von Zeit und Raum erneut kreuzen.
Mit den allerbesten Wünschen. *Halali!*

MIKE DOOLEY

Verändere dein Denken, dann hilft dir das Universum

Eine praktische Anleitung

Wir alle stecken voller unbegrenzter Möglichkeiten – es geht nur darum, sie zu entdecken. Seine Lebensträume zu verwirklichen hat nach Ansicht des Bestsellerautors Mike Dooley weniger mit harter Arbeit als mit Überzeugung zu tun und mit den entsprechenden Erwartungen, dass dies möglich ist.

In diesem praktischen Kursbuch beschreibt Mike Dooley Erfolgsprinzipien, die jeder Mensch für sich selbst anwenden kann: sein Ziel eindeutig formulieren – es täglich visualisieren – kleine Schritte auf das Ziel zumachen. Um das Wie kümmert sich dann das Universum.

MensSana
BEI KNAUR